Inhalt

Das Porträt im Schloß Montaigne

rowohlts monographien
begründet von Kurt Kusenberg
herausgegeben
von Wolfgang Müller und Uwe Naumann

Michel de Montaigne

**mit Selbstzeugnissen
und Bilddokumenten
dargestellt von
Uwe Schultz**

bildmono
ro
ro
ro
ro
graphien

Rowohlt

Dieser Band wurde eigens für «rowohlts monographien» geschrieben
Den Anhang besorgte der Autor
Herausgeber: Klaus Schröter
Mitarbeit: Uwe Naumann
Assistenz: Erika Ahlers
Schlußredaktion: Volker Weigold
Umschlagentwurf: Werner Rebhuhn
Vorderseite: Aus: Hugo Friedrich, Montaigne, Bern 1949
Rückseite: Montaignes Turm (Foto: Uwe Schultz)

Veröffentlicht im Rowohlt Taschenbuch Verlag,
Reinbek bei Hamburg, Juni 1989
Copyright © 1989 by Rowohlt Taschenbuch Verlag GmbH,
Reinbek bei Hamburg
Satz Times (Linotron 202)
Gesamtherstellung Clausen & Bosse, Leck
Printed in Germany
ISBN 13: 978 3 499 50442 6
ISBN 10: 3 499 50442 1

4. Auflage November 2005

Rückzug als Eroberung:
Im Turm von Schloß Montaigne

Im Jahre 1571, als der abendländische Adel aufbricht, die ungläubigen Türken in einer grandiosen Seeschlacht bei Lepanto zu besiegen[1]*, zieht sich ein französischer Edelmann auf sein Schloß zurück. Es ist kein weiter Weg, den Michel de Montaigne von Bordeaux, wo er seit 1557 Ratsherr des Parlaments war, nach dem Landsitz Montaigne und Belbeys im Périgord (50 Kilometer) zurückzulegen hat – kaum mehr als eine Tagesreise zu Pferd. Dann biegt er an der kleinen romanischen Kirche Saint-Michel vorbei in die Allee aus Zedern und Eichen ein. Am Ende der Allee, die sein Großvater Grimon Eyquem anlegen ließ, nachdem dessen Vater Ramon Eyquem 1477 den Lehnssitz gekauft hatte, erreicht er an der Schloßmauer eine breite Tordurchfahrt, deren Portal das Wappen derer von Montaigne ziert, bis es die antiaristokratische Aggression der Französischen Revolution zerstören wird. Das Wappen zeigt auf azurblauem Grund verstreute goldene Kleeblätter, in ihrer Mitte eine rote Löwenklaue. Unmittelbar rechts neben der die Breite einer Kutschendurchfahrt gewährenden Maueröffnung lagert massiv und abweisend ein Wachtturm, eingefügt in die Schutzmauer mit Laufzinne, ohne daß das Château de Montaigne sichtbar wäre. Es blickt, weit nach Nordwesten seine Terrasse in das Tal der Lidoire öffnend, mit zahlreichen spätgotischen Türmchen aus blaugrauem Schiefer in eine stille Wald- und Wiesenlandschaft – der Zufahrt den Rücken zuwendend. Dorthin kehrt er heim, vorbei an sanft aus der Ebene des Dordogne-Tals emporschwingenden Weinbergen, verwucherten Eichenwäldern und sorgfältig kultivierten Getreidefeldern. Doch nicht nur die politisch-juristische Tätigkeit in Bordeaux läßt er hinter sich, indem er seinen Sitz im Parlament verkauft hat. Auch vom eigenen Schloß, das ihm vor drei Jahren nach dem Tod des Vaters Pierre Eyquem zugefallen ist, wendet er sich ab. Der Schloßherr Michel de Montaigne zieht sich in eben diesen Wachtturm der Schloßmauer am Ende der Ankunftsallee zurück und richtet sich dort auf Dauer ein – so bescheiden wie bequem.

---

* Die hochgestellten Ziffern verweisen auf die Anmerkungen S. 136

Die Seeschlacht bei Lepanto. Ausschnitt eines zeitgenössischen Stiches

Im Parterre, erreichbar durch eine enge Tür von der Mauerinnenseite, entfaltet sich das matte Halbdunkel einer gewölbten Kapelle mit blauem Firmament. Darin findet sich nicht weniger als viermal das Wappen Montaignes – unter anderem je einmal rechts und links des Altars, umrahmt von der Kette des St. Michel-Ordens – sowie ebenfalls zehn al fresco gemalte Familienwappen seiner Freunde. Die Wandmalereien, ausgeführt von einem durchreisenden Künstler, dem Montaigne kurz nach seiner Rückkehr das gesamte Innere des Turms als Malfläche freizügig und ganz im Stil der zeitgenössischen Mode aristokratischer Wappenvervielfältigung zur Verfügung stellte, sind heute außer im Erdgeschoß in den oberen Stockwerken nur noch rudimentär erhalten.

Im ersten Stock, erstiegen durch eine schmal in der Wand laufende Wendeltreppe eines kleinen, sich im Mauerinnenbereich anlehnenden Rundturms, von dem kurz vor Erreichen der nächsten Etage eine Tür zum Laufgang auf der Mauer in Richtung der Tour de Madame führt, öffnet sich ein in roten Tonziegeln ausgelegter, kreisrunder Wohnraum. Er mißt *sechzehn Schritte*[2] im Durchmesser, ein mächtiger Kamin ragt an der Mauerinnenwand auf. Drei kleinere Fenster gewähren hohe Helligkeit, ein Ankleideraum schließt sich im engangefügten rechteckigen Seitenturm an. Alle Wände sind mit bunten, lose verbundenen, allegorisch-mythologische Themen variierenden Malereien bedeckt, deren Farben und Formen höchst lebendig mit den verschiedensten Motiven spielen.[3] Unter ihnen auch ein so heiter-unterhaltendes aus Ovids «Metamorphosen» wie der Augenblick, da Vulkan Venus und Mars im Bett überrascht, das Montaigne auch aus dem «Lob der Torheit» des von ihm gelegentlich zitierten Erasmus von Rotterdam bekannt gewesen sein dürfte. In der Wand rechts der Tür findet sich eine zwei Stufen abwärtsführende Nische, in deren Fußboden eine Öffnung in die Tiefe zur Kapelle führt, damit der ehemalige Parlamentsrat dem Gottesdienst hörend «beiwohnen» kann, aber nicht sehend anwesend sein muß.

Montaignes Wappen

Im zweiten Stockwerk, wieder erreichbar über die steinerne Wendeltreppe des kleinen Seitenturms, die sich auf halbem Weg für einen seitlichen Abtritt in der einfachsten Form eines runden Lochs im Boden öffnet, gewährt der ebenfalls steingepflasterte Rundraum – ursprünglich eine *Kleiderkammer*[4] – die Leere und Ruhe einer Lese- und Denkstätte. Wenn der Blick nach außen geht, umfaßt er den Überblick über *mein ganzes Hauswesen*[5] – vom Garten bis zum nahen Schloßgebäude. Hier sind heute die etwa tausend Bücher[6] der Bibliothek (*Meine Bibliothek, die sich unter den Landbibliotheken sehen lassen kann*[7]) in fünf an den Wänden rundum laufenden Regalen nicht mehr vorhanden. Sie standen übrigens nicht senkrecht nebeneinander, sondern lagerten – wie seinerzeit üblich – übereinander[8] und stammten zum nicht geringen Teil aus dem Vermächtnis des 1563 verstorbenen Freundes Étienne de La Boëtie[9]. Doch sichtbar sind noch die Buchstaben von 57 Sprüchen in schwarzer Schrift auf den dunkelbraunen Eichenbalken der Decke[10], die der Turmbewohner ganz analog dem Schreibpapier seines *Essais*-Manuskripts benutzte, indem er gelegentlich Sätze löschen und durch neue ersetzen ließ.

Hier, unter dem flachen Turmdach, das seinerzeit mit einem spitzen Turm, Wetterfahne und Zinnen bewehrt war, ist das Ziel des Rückzugs

Das Schloß Montaigne. Stich von 1817

Die Bibliothek in Montaignes Turm

erreicht. Über dem Turmdach befand sich eine mit gotischer Inschrift ver-
zierte Glocke, die Montaigne zunächst mit ihrem Ave Maria am Morgen
und Abend als Getöse störte, deren Geläute ihm jedoch bald zur Gewohnheit wurde[11], auf das er gerade gegenüber den Protestanten (auch in
seiner Familie) als katholisch sich bekennender Edelmann nicht verzichten wollte[12]. Hier im Turm versenkt er seine Gedanken ungestört in sich
selbst und diktiert *im Auf- und Abgehen diese meine Träumereien*[13] – eben
die *Essais*. Um die historische Bedeutung seiner höchst persönlichen Entscheidung wenigstens in relativer Haltbarkeit zu überliefern, vertraut er
sie den gemalten lateinischen Buchstaben auf der Wand im angrenzenden
Kabinett des seitlichen Turms an – kurz nachdem er den Rückzug in sein
Schloß und auf sich selbst vollzogen hat: *Im Jahre Christi 1571, 38 Jahre
alt, am 28. Februar, seinem Geburtstag, hat sich Michel de Montaigne, seit
langem der Bürden des Parlaments und der öffentlichen Pflichten müde, in
voller Lebenskraft in den Schoß der gelehrten Musen zurückgezogen, wo
er in Ruhe und Sicherheit die Tage verbringen wird, die ihm zu leben bleiben. Vergönne ihm das Schicksal, diese Wohnung der süßen Weltflucht*

11

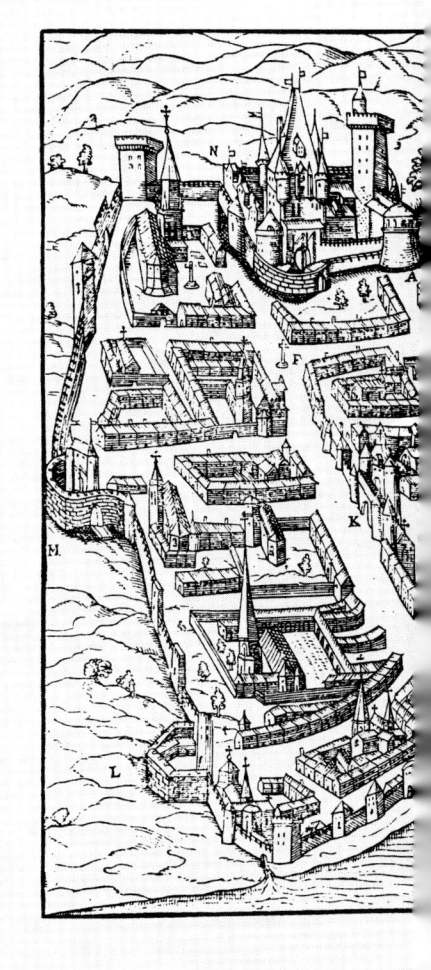

Bordeaux.
Holzschnitt des 16. Jahrhunderts

seiner Ahnen zu vollenden, die er seiner Freiheit, seiner Ruhe und seiner Muße geweiht hat.[14]

Dieser Edelmann, der noch 21 Jahre zu leben hat – warum zieht er sich in den Turm zurück? Er ist seit 1565 mit Françoise de la Chassagne, der Tochter eines Ratskollegen im Parlament von Bordeaux, in solider Vernunftehe – Mitgift 7000 L.tournois – verheiratet; er ist selbst vermögend

durch den seit drei Generationen angehäuften respektablen Reichtum, Erbe einer vom Vater repräsentativ hergerichteten Schloßanlage, auf der später, am 19. Dezember 1584, Heinrich von Navarra mit zahlreichen hochadeligen Begleitern standesgemäß nächtigen kann. Jemand, der von sich bekennt, daß *ich mich in diesem meinem Jahrhundert unnütz fühle*[15], muß er nicht früh der *Bürden des Parlaments und der öffentlichen Pflich-*

ten müde werden, weil sein Jahrhundert ihn in den Strudel einer radikalen Wertunsicherheit gegenüber Krone, Kirche und persönlicher Standesmoral zu ziehen droht? Denn Frankreich steht bereits im neunten Jahr seines ebenfalls dreißigjährigen Religionskriegs, und ein Ende der militärischen Unruhen, die gerade auch im von Protestanten dominierten Périgord zwischen La Rochelle und Pau erneut aufbrechen, ist nicht abzusehen.

Hat 1563 der frühe Tod seines Freundes Étienne de La Boëtie, mit dem er die einzige tiefgehende und geistig gleichgestimmte Leidenschaft seines Lebens in philosophischen Gesprächen und literarischer Produktion eingegangen war, ihm die schnelle Vergänglichkeit des Individuums vor Augen geführt? 1570 reist er nach Paris, um Teile des Nachlaßwerks von La Boëtie – eine Übersetzung Xenophons sowie lateinische und französische Gedichte, doch nicht dessen staatstheoretische Streitschrift «Von der freiwilligen Knechtschaft» – zu veröffentlichen. War es diese private Weltflucht, die ihn sodann, nach dem Rückzug, im Turm, den er zu *meiner Stätte*[16], auch gegenüber Frau und Tochter, erklärt, an der Wand über den Büchern den Geist des Freundes in lateinischer Schrift beschwören läßt: *Michel de Montaigne, des zärtlichsten und teuersten Herzensfreundes beraubt, des besten, gelehrtesten, liebenswürdigsten, vollkommensten Genossen, den unser Zeitalter gesehen, wollte das Gedächtnis ihrer gegenseitigen Liebe durch ein besonderes Zeugnis seiner Dankbarkeit weihen und glaubte, dem keinen besseren Ausdruck verleihen zu können, als indem er diese Stätte der Studien, seine Wonne, dem Andenken des Freundes widmet*[17]? Ist es etwa ein Endzeitbewußtsein gegenüber seinem noch so jungen Adelsgeschlecht und den begrenzten vitalen Energien der eigenen Person, das ihn den Weiterbau der Schloßanlage zu Montaigne, die der Vater so ausgreifend plante, zum Stillstand kommen und auch den Weg der eigenen Aktivitäten in den engen Markierungen von Tradition und Gleichgültigkeit verfolgen läßt: *Ich tadle meine Trägheit, daß ich nicht weitergegangen bin und nicht die schönen Anfänge, die er,* (der Vater) *auf Schloß Montaigne hinterließ, zu Ende geführt habe; um so mehr, als ich erwarten muß, daß ich darauf der letzte Besitzer aus meinem Geschlecht sein und die letzte Hand daran legen werde*[18]? War es schließlich fehlende Fortune als Parlamentsrat in Bordeaux und als zielstrebiger Edelmann bei Hofe, die in ihm den Ehrgeiz des Karrieristen nicht aufkommen ließ, denn ein Übermaß an Energien war er nicht aufzubringen bereit, vielmehr hätte, um ihn *nach vorne zu schieben, das Glück mich bei den Haaren ziehen müssen*[19]?

Der Rückzug Michel de Montaignes aus dem Amt in Bordeaux, den politisch-religiösen Konflikten seiner Zeit, der weitläufig-unfertigen Schloßanlage, den aristokratischen Leidenschaften der Jagd und Geselligkeit ist total und endet konsequent beim eigenen Selbst. Nicht Welt-

14

schmerz über den Verlust einer hohen Position läßt ihn resigniert die letzte Trutzburg der eigenen Individualität aufsuchen, sondern eine frühe Weltklugheit verweist ihn auf den souverän-unangreifbaren Besitz des eigenen Bewußtseins, das im eigenen Körper, den schwankenden Gefühlen, den wechselnden Gedanken einen unabsehbaren Kontinent zu entdecken hat. Dieser Edelmann sucht und findet, während seine Standesgenossen die Erhöhung der eigenen Person in der unsicheren Gunst des Hofes, den fanatisch-brutalen Metzeleien der Religionskriege, dem Streit um Privilegien und Titel in ihrer engsten Umgebung zu finden hoffen, seinen Adel ausschließlich im eigenen Selbst, mag es sich noch so schwach, träge, veränderlich und auch feige zeigen. Der Triumph des Individuums beginnt nicht mit der Lüge einer vorgetäuschten Selbsterhöhung, sondern mit der nüchternen Selbsterkundung bis in den geistigen Wankelmut und die körperlichen Schwächen: *Die Leute sehen immer auf das Gegenüber: ich wende meinen Blick nach innen, und da halte ich ihn fest und lasse ihn verweilen. Jedermann schaut von sich weg, ich schaue in mich hinein; ich habe es nur mit mir selber zu tun . . . Die anderen gehen immer anderswo hin . . . ich kreise in mir selbst.*[20]

Im kreisrunden Turmzimmer des dritten Stockwerks vollzieht sich der Denkprozeß in sich selbst, eine Expedition durch die Abgründe der eigensten Wünsche, über die weiten Hochebenen der klugen Gleichgültigkeit gegenüber den Alltagsärgernissen und bis auf die Höhen des höchst direkten Schmerzes, den die Nierensteine seinem Körper von 1577 an bereiten werden. Keine mönchische Askese findet statt, doch ein mühsamer Ablösungsprozeß von den Verpflichtungen und Verführungen der Welt. Neun Jahre dauert, wenngleich mit Unterbrechungen, die psychophysische Anstrengung, Klarheit über das eigene Selbst zu gewinnen. Als Resultat, das Montaigne erkundend-registrierend in der ersten Ausgabe der *Essais* von 1580 festhält, steht zunächst die prinzipielle Verlegenheit, warum ein Ich, das sich selbst genug ist, von der Selbsterkundung Kunde an die Welt geben soll – eben in Form eines Buchs.

Das kurze Vorwort verrät die Schwierigkeit, über dieses Dilemma ohne erneute Verlegenheit Auskunft zu geben, so daß sogleich die eigene Methode schon im Vollzug freigelegt und vorgeführt wird, Denken und Fühlen, Sehen und Hören bis in den Taumel ihrer Widersprüche zu verfolgen. Es sei ein *aufrichtiges Buch, ein häusliches und privates*, und es sei *nicht billig*, daß der Leser seine *Muße auf einen so eitlen und geringfügigen Gegenstand verwende*.[21] War das eine leere Warnung aus vorgetäuschter Uneitelkeit oder der immanente Widerspruch eines Denkens, das im Rückzug auf sich selbst den Rückweg zur Welt in Form der literarischen Selbstauskunft nicht mehr zu finden vermag? Montaigne hat darum gewußt, daß seine Methode, die Zugbrücke zur Welt um einer ungestörten

Einsamkeit willen einerseits hochzuziehen und andererseits zumindest für die Botschaft jeder neuen Buchausgabe der *Essais* herunterzulassen, eine unaufgelöste Aporie bleiben mußte. Eher hilflos widmet er das Buch *dem persönlichen Gebrauch meiner Angehörigen und Freunde*[22] und fragt doch später wieder: *Und sodenn, für wen schreibt Ihr?*[23] Die Antwort, die er sich selbst gibt, verweist ihn nur wieder auf sich zurück: *Ich habe mein Buch nicht mehr gemacht, als mein Buch mich gemacht hat, ein Buch von Fleisch und Blut, nur mit mir selbst beschäftigt, als ein Teil meines Lebens, nicht mit anderen beschäftigt und auf fremde Zwecke gerichtet wie alle anderen Bücher.*[24] Ein Adressat jenseits der eigenen Person findet sich nur mühsam, so daß sein literarisches Selbstporträt allenfalls *für den Winkel einer Hausbibliothek*[25] bestimmt ist und eng auf sein persönliches Umfeld bezogen bleiben soll, wenn es denn, um sich seiner zu erinnern, *zum Zeitvertreib eines Nachbarn, eines Verwandten, eines Freundes*[26] dienen mag.[27]

Ein singuläres Buch für einen einzigen Leser – seinen Autor? Gewiß nähern sich die *Essais* der Intimität und Offenheit eines Tagebuchs. Er selbst hätte seine *Einfälle* auch gern der so freimütigen wie flexiblen Form des Briefs anvertraut, *wenn ich jemand gehabt hätte*[28], die Episteln zu wechseln. Aber der *Mache*[29] eines fiktiven Briefwechsels mag er sich in seiner auch formalen Ehrlichkeit nicht ausliefern, selbst wenn seine Bibliothek *wohl hundert* Bände allein italienischer Briefwechsel aufweist.[30] Dabei entdeckt der Autor der *Essais* auf dem unendlichen Marsch zu sich selbst immer erneut, daß ein Ende nicht in Sicht kommt, sein Wesen sich einzig in stetigem Wandel und Widerspruch erfüllt und *die natürliche Unbeständigkeit unseres Verhaltens und Meinens*[31] die einzige Konstante ist. Der Rückzug gelangt ins Ziel eines Individuums, dem die Einheit einer letzten Glaubensgewißheit wie die Programmatik einer weltweiten Ethik abhanden gekommen sind und die Welt zum Spiegelkabinett der unbegrenzt zahlreichen Perspektiven aufgefächert erscheint: *Am Ende gibt es überhaupt kein beständiges Sein, weder in unserem Wesen noch im Wesen der Dinge . . . und der Urteilende und Beurteilte sind in fortwährender Wandlung und Schwankung begriffen.*[32] Doch alle Wandlung der Dinge wie des eigenen Subjekts bleibt an das Individuum gebunden, das sein Wesen nur in diesem permanenten Wechsel erfüllt: *Wenn ich auf ungleiche Weise von mir rede, so geschieht es, weil ich mich auf ungleiche Weise betrachte. Alle Widersprüche finden sich in mir, je nach Gesichtswinkel und Umständen.*[33]

Aber es findet sich auch die zwar einmalige, jedoch von ihrem Träger als nicht sehr eindrucksvoll empfundene Körperindividualität, da dieselbe *ein wenig unter dem Mittelmaß*[34] ausgefallen ist. Darin erblickt Montaigne, dem zum Befehlen wie zur Ausübung öffentlicher Ämter ein

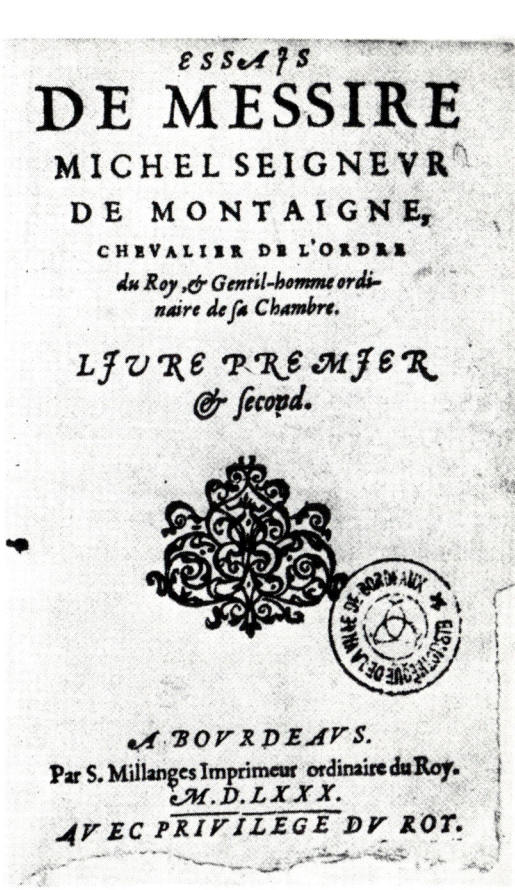

Die erste Ausgabe der «Essais», 1580

stattliches Äußeres und eine *achtungsgebietende Gestalt*[35] unerläßlich erscheinen, einen so empfindlichen Nachteil, daß er die lange Liste seiner ästhetisch gelungenen Körpermerkmale generell abgewertet sieht: *die Breite und Rundung der Stirn, die Klarheit und Sanftheit der Augen, der mittlere Schnitt der Nase, die Kleinheit des Ohrs und des Mundes* bis hin zur *Geruchslosigkeit des Körpers.*[36] Auch sein Inneres sieht er dem Mittelmaß verhaftet, wenn das Temperament die *Mitte zwischen Fröhlichkeit und Schwermut, mäßig sanguinisch und leidenschaftlich*[37] hält. Die Gesundheit sei zwar solide ausgefallen, doch der aristokratisch-athletische

Umgang mit dem Körper im Schwimmen, Fechten, Kunstreiten lasse sehr zu wünschen übrig, allenfalls im Tanz, Ballspiel, Laufen und Ringen seien geringe Ansätze zu erkennen.[38] Sein Selbstporträt als sich in Szene setzender Edelmann fällt ohne Verstellung oder gar Verschönerung aus.

Der lange und konsequente Rückzug Montaignes von den *öffentlichen Pflichten* in Bordeaux und auch von den Mißhelligkeiten der alltäglichen Landwirtschaft hat im Turm zu Montaigne in der Eroberung der höchst eigenen Existenz zu ihrer radikalen Umwertung geführt. In der Bereitschaft, keine Macht eines französischen Königs, kein Dogma der katholischen Kirche, ja kein eigenes Urteil über irgend etwas in der Welt vom Wandel der Betrachtung und Bewertung auszuschließen, gewinnt Montaigne jene unabsehbare Freiheit, die aus der Distanz der unendlichen Infragestellung erwächst. In der Gewißheit, daß einzig das eigene Ich Garant und Träger dieser kaleidoskopartigen Bilderfolge ist, erhöht er sein Individuum zur letzten Instanz.

Diese Inthronisation des Individuums läßt es zum scheinbar eitlen und doch notwendig allgegenwärtigen Gegenstand der *Essais* wie auch zum «Herrn» der Welt werden, der nun – in der zweiten Dimension der unbegrenzten wie selbstgewissen Distanzierung – sich zu nähern nicht mehr Selbstverlust nach sich ziehen kann. Die zweite Begegnung Montaignes mit der Welt vollzieht sich mit der Reserve einer steten Rückzugsbasis auf das feste Terrain des eigenen Ich, das nicht länger an die willkürlichen Wechselfälle der Welt ausgeliefert ist: *Wir müssen uns ein Hinterstübchen aussparen, ganz für uns selber, ganz ungestört, in dem wir unsere Freistatt und unsere hauptsächliche Zuflucht und Abgeschiedenheit errichten…*[39]

Den Rückzug von 1571 vollendet sich 1580 als Rückeroberung: Montaigne verläßt den Turm, um zur «großen Reise» aufzubrechen, nachdem im selben Jahr die erste Ausgabe der *Essais* in Bordeaux erschienen ist. In Paris überreicht er Heinrich III. ein Exemplar der *Essais*. Er nimmt an der Belagerung von La Fère teil, bei der sein Freund Graf Philibert de Gramont getötet wird, geleitet den Sarg des Toten nach Soissons zur Witwe, die als «große Corisande» 1582 die Geliebte Heinrichs von Navarra wird, und gelangt in einer kleinen Gruppe von jugendlichen Gefährten – darunter ein Bruder – in kombinierter Kavalier- und Badereise über Lothringen, die Schweiz, Bayern und Oberitalien nach Rom. Dort empfängt Papst Gregor XIII. ihn in Audienz. Auf der Rückreise, in den Bädern von Lucca, erreicht ihn die Nachricht, zum Bürgermeister von Bordeaux gewählt worden zu sein – eine öffentliche Bürde, der er sich keineswegs entzieht. Stolz ist er vielmehr, 1583 für eine zweite Amtszeit wiedergewählt zu werden. 1585 gelingen ihm komplizierte Verhandlungen zwischen Heinrich von Navarra und dem Marschall Matignon, dem königlichen Gouverneur von Guyenne, um die Machtergreifung der Katholischen Liga in Bordeaux und damit ein weiteres Blutvergießen in der Stadt zu verhindern. Die Weltgeschäfte haben ihn wieder, und doch ist er ihnen nicht preisgegeben: *Am Königshof und im Gewimmel ziehe ich mich in mich ein und ducke mich in meine Haut; die Menge drängt mich auf mich selbst zurück, und nie unterhalte ich mich so närrisch, so ausgelassen und so für mich selber wie an Orten der Ehrfurcht und der feierlichen Gemessenheit.*[40]

Nur der ist wahrer Weltmann, der sich die subjektive Freiheit erworben hat, der Welt jederzeit den Rücken zu kehren – nicht allein der glanzvollen Welt der politischen Bühne, sondern auch der autonom-entrückten Welt der freiwilligen Weltflucht. Der Rückzug von der Welt vollendet sich in ihrer Rückeroberung mit dem Vorbehalt der unbegrenzten Freiheit des Individuums.

Die Vollendung der Jugend
in der Freundschaft: La Boëtie

Ich verwerfe allen Zwang in der Erziehung einer weichen Seele, die man zu Ehre und Freiheit heranbilden will. Es liegt etwas Knechtisches in Strenge und Zwang... So hat man mich erzogen. Man sagt, daß ich in meiner Kindheit nur zweimal die Rute gekostet habe, und gar gelinde. Ich war meinen eigenen Kindern das gleiche schuldig.[41] Michel Eyquem de Montaigne, der am 28. Februar 1533 *zwischen 11 Uhr und Mittag*[42] geboren wurde, hatte es glücklich getroffen mit seinen Eltern und deren Erziehungsmethoden. Sein Vater, Pierre Eyquem de Montaigne, geboren 1495 und seit 1519 Herr zu Montaigne, hatte als Soldat an den Italien-Feldzügen Franz' I. gegen Karl V. teilgenommen und von dort nicht militärische Dressurmaßnahmen, sondern den verfeinerten Lebensstil der Hochrenaissance mitgebracht – ganz nach dem Vorbild seines Königs, der Leonardo da Vinci und Benvenuto Cellini nach Frankreich zu ziehen vermochte.

Doch nur seines Vaters gedenkt Michel de Montaigne in seinen *Essais* voll Achtung und Liebe. Seine Mutter erwähnt er nur ein einziges Mal indirekt, ohne ihren Namen zu nennen, eine seltsam verräterische Schweigsamkeit, denn sie, die Pierre Eyquem 1528[43] auf der Rückreise von Italien in Toulouse heiratete, war – als eine geborene Antoinette de Louppes aus reichem jüdisch-spanischen oder jüdisch-portugiesischen Haus, dessen Schicksal im Zusammenhang einer grausamen Verfolgung der Juden in Portugal Montaigne später höchst mitfühlend beklagen sollte[44] – eine finanziell glänzende Partie für den Vater. Auch für den Sohn war sie lebenslang, sogar ihn überlebend, eine geschickte Wirtschafterin auf Montaigne, um dessen Verwaltung sich der Autor der *Essais* nach eigenem Geständnis[45] wenig kümmerte. Doch war er gern Nutznießer des wachsenden Wohlstands, der nicht zuletzt durch die Mitgiften von Mutter und Frau sowie beider Arbeitskraft in der Bewirtschaftung gemehrt wurde, was Antoinette de Montaigne, die 1601 im Alter von über 90 Jahren starb, in ihrem Testament festgehalten wissen wollte: «Gleichfalls ist es bekannt, daß ich mit meinem Gemahl vierzig Jahre hindurch im Hause Montaigne geschafft habe, derart, daß durch meine Arbeit, Sorg

Das Schloß Montaigne. Luftaufnahme

und Haushalterei besagtes Haus höchlich an Wert und Gütern zugenommen, wovon in der Folge Michel de Montaigne seliger, mein ältester Sohn, mit meiner Einwilligung und Erlaubnis friedlich die Nutznießung genossen.»[46]

Die Familiengeschichte dürfte der einzige private Bereich in Montaignes Leben gewesen sein, den er partiell im Halbdunkeln ließ und zusätzlich durch Schrägschatten eindämmerte. Wenn er von dem Schloß Montaigne, dessen Namen nichts anderes als eine gewisse Stilisierung von Montagne bedeutet, mitteilt: *Es ist die Stätte meiner Geburt und die der meisten meiner Vorfahren: sie haben ihr ihre Liebe und ihren Namen gegeben*[47], so versucht er eine Adelsseßhaftigkeit und Namenstradition festzuschreiben, die nicht weniger als gezielte Deformationen der historischen Fakten darstellen. Denn der erste Vorfahre Montaignes, der 1494 auf Montaigne geboren wurde, war sein Vater Pierre Eyquem, und der erste seines Geschlechts, der den Namen Eyquem fallenließ, war Michel de Montaigne selbst, dessen Familie also nicht dem Ort den Namen gab,

21

sondern die ihn erst in seiner Person von dem Besitz «Montaigne» ableitete.

Am 10. Oktober 1477 hatte der Urgroßvater Ramon Eyquem, der 1402 in dem Flecken Blanquefort im Medoc, nahe bei Bordeaux, geboren worden war, von einem Mann namens Guilheume Duboys die Adelssitze Montaigne und Belbeys gekauft. Sie gehörten zur Lehnsherrschaft Montraval und fielen damit in den Machtbereich des Erzbischofs von Bordeaux, so daß die Eyquems für 900 Bordelaiser Franken dessen «Afterlehensleute» wurden. Sie erwarben den nur wenige Kilometer vom nördlichen Dordogne-Ufer entfernten Landsitz mit bescheidenem Weingut, Wäldern, Wiesen, Mühlen und Renten, ohne den städtischen Wohnsitz in Bordeaux aufzugeben. Denn dort, wo seit dem Hundertjährigen Krieg bis heute der größere Teil der umgeschlagenen Waren ins Ausland, besonders nach England, geht, hatte es der Kaufmann zu Wohlstand gebracht. Er handelte mit Wein, getrocknetem Fisch und Waidfarbe (Waid, ein Kreuzblütler, der seinerzeit von Mitteleuropa bis Kleinasien zur Gewinnung des Farbstoffs Indigo angebaut wurde).

Spekuliert wird bis heute über die genaue Herkunft des Namens Eyquem. Einerseits soll die Familie Eyquem aus dem Städtchen Saint-Macaire stammen und unter der englischen Herrschaft in Guyenne ihre Besitzungen, darunter auch das berühmte Weinchâteau Yquem im Sauternes, verloren haben. Andererseits deutet Montaigne selbst zweimal in die Richtung England, wenn er *noch in meiner Familie einige Spuren unserer alten Vetterschaft vorhanden*[48] glaubt und von den Seinen, die *ehedem den Beinamen Eyquem geführt haben*, erwähnt, daß diesen Namen *noch ein bekanntes Geschlecht in England führt.*[49] Unzweifelhaft ist dagegen, daß der Name Eyquem in der Gascogne zu jener Zeit sehr verbreitet war.

Der Stammvater Ramon Eyquem hatte zwei Söhne, Grimon und Pierre, von denen der ältere wieder ein höchst tüchtiger Kaufmann gewesen sein muß. Er war noch erfolgreicher als sein Vater, denn seine zahlreichen Schiffe liefen spanische, englische sowie niederländische Häfen an. Er war Steuerpächter des Erzbischofs sowie des Templerordens, und zwei herausragende Ämter, das des Stadtschöffen und des Profossen der Stadt, fielen an ihn. Bei seinem Tod 1519 war er 69 Jahre alt, hinterließ jedoch in noch jugendlichem Alter vier Söhne und drei Töchter. Der Aufstieg des Geschlechts Eyquem in Bordeaux setzte sich auf breiter Basis fort. Zwei seiner Söhne wurden Geistliche, ein dritter bekleidete das Amt eines Advokaten am Parlament von Bordeaux, und der älteste, Pierre, der Vater Michel de Montaignes, wählte den Soldatenberuf – in der bisherigen Familiengeschichte eine Ausnahme –, in der sich jedoch der Aufstieg vom bürgerlichen Kaufmann zum Schwertadel erkennen läßt.

Das Porträt des Vaters zeichnete Montaigne mit Verehrung und Zuneigung und erwähnte sein *Glück, den guten Vater, den Gott mir gab*[50], erhalten zu haben. In ihm sah er nicht zufällig ein unerreichtes Vorbild, denn der Vater vermochte offensichtlich die Körperdisziplin eines Soldaten mit einer gewissen geistigen Gewandtheit, zumindest Aufgeschlossenheit, zu verbinden. *Er war von Natur und Bildung für weiblichen Umgang sehr einnehmend. Er sprach wenig und gut und durchwirkte doch seine Rede stets mit etlichen Zieraten aus Volksbüchern* (geschrieben in der Volkssprache), *vorzüglich aus spanischen; und unter den Spaniern war ihm jenes, das sie den Marc Aurel* (Libro aureo del emperador Marco Aurelio, o el Reloj de principes des Bischofs Antonio Guevara aus dem Jahre 1529) *nennen, besonders geläufig. Sein Betragen war von sanfter, ergebener und sehr bescheidener Würdigkeit. Von außerordentlichem Bedacht auf Ehrbarkeit und Anstand in seiner Person wie in seiner Kleidung, sei es zu Fuß oder zu Pferd. Von überschwänglicher Wahrheitsliebe in jedem Wort und einer Gewissenhaftigkeit und Frömmigkeit, die eher zum Aberglauben als zum Zweifel neigte. Für einen Mann von kleiner Gestalt war er voll Kraft und von aufrechtem und wohlgebildetem Wuchs. Von angenehmen Zügen und gebräunter Gesichtsfarbe. Geschickt und ausgezeichnet in allen ritterlichen Übungen.*[51] An Bleistangen habe er seine Muskeln fürs Fechten und Steinwerfen geübt, Bleisohlen an Schuhen hätten auch seine Kräfte beim Laufen und Springen gesteigert, und noch mit über sechzig Jahren sei er nur im Pelzrock aufs Pferd gesprungen. Auch habe er mit ehrbaren Frauen in erstaunlicher Vertraulichkeit gestanden, ohne daß ihr Ruf Schaden nahm, wie er auch schwor, keusch in den Ehestand getreten zu sein – ein für einen aus Italien nach jahrelangem Aufenthalt heimkehrenden Soldaten ein gewiß seltener Lebenslauf. Er hatte zudem ein Italientagebuch verfaßt[52], das sein Sohn zumindest gesehen, vielleicht auch gelesen hat, denn er erwähnt, daß darin über private wie öffentliche Angelegenheiten des Vaters während der *sehr langen Zeit in den Kriegen jenseits der Alpen*[53] berichtet wird.

Auch Pierre Eyquem geriet in die aus Italien herüberdringende Begeisterung der Hochrenaissance für klassischen Geist und ästhetischen Geschmack – jene *neue Leidenschaft, mit der König Franz I. die Wissenschaften begrüßte und in Aufschwung brachte*[54]. Auf dem Landsitz nahe der Dordogne hatte dies zur Folge, daß der Vater sein Haus allen Männern der Wissenschaft offenhielt, den Umgang mit gelehrten Zeitgenossen suchte und *ihre Reden und Meinungen wie Orakelsprüche aufnahm, mit um so größerer Ehrfurcht und Andacht, je weniger er imstande war, darüber zu urteilen*[55]. In seiner Pädagogik vereinigte er die höchst unterschiedlichen Elemente robuster Körpererziehung und naiv-direkter Geistigkeit, denn er ließ den Säugling unmittelbar nach der Geburt zur Abhärtung einfachen Landleuten im wenige Kilometer nördlich gelegenen Dorf Papessus übergeben.

Bei diesem pädagogischen Experiment Pierre Eyquems an seinem ältesten Sohn, dem dritten Kind der Ehe, muß offenbleiben, ob Antoinette Eyquem der rustikalen Extravaganz zugestimmt hat. Jedenfalls hat der Sohn später den Frauen die Zuständigkeit in der Erziehung ihrer Kinder abgesprochen.[56] Er empfiehlt als Mittel gegen die Gefahr der *natürlichen Liebe* der Eltern, gegen ihr Kind *zu weichherzig und zu nachgiebig* zu sein, es nicht *im Schoße seiner Eltern aufzuziehen.*[57]

Zumindest dürfte der Vorgang nicht zur emotionalen Verstärkung der Mutter-Sohn-Beziehung beigetragen haben. Der Vater aber erreichte den erwünschten Erfolg, denn sein Sohn bewertet als höchst sinnvoll die Absicht, ihn *dem Volke und diesem Stande von Menschen nahezubringen, die unserer Hilfe bedürfen,* und sich *eher dem zuzuwenden, der mir die Hand zustreckt, als dem, der mir den Rücken zukehrt.*[58] Zur religiösen Besiegelung dieses Paktes mit dem einfachen Volk, genauer mit seinen Bauern, ließ Pierre Eyquem den Sohn von einfachsten Landleuten aus der Taufe heben. Die lebenslange literarische Folge war dessen leidenschaftliche Bereitschaft, sich *doch keiner anderen Wörter zu bedienen, als man sie in den Markthallen von Paris gebraucht*[59]. Nur konsequent resultierte daraus der Verzicht auf jede Rhetorik, weil es bei der Formulierung eines Gedankens *an den Worten ist, zu dienen und zu folgen*[60].

Dem Experiment der frühen vitalen Rückbindung an das eigene Landvolk schloß sich 1535 die Bemühung des Vaters an, seinem Sohn auch einen frühen Einstieg in die geistige Hochsprache, eben das Latein, zu verschaffen. Mit seinem Vater teilte Montaigne die Lebenseinteilung, daß das Kind *nur die ersten fünfzehn oder sechzehn Jahre seines Lebens für die Schule hat: das übrige gehört dem Handeln*[61]. Da jedoch nach gut kaufmännischer Kalkulation Pierre Eyquem errechnet hatte, daß das Erlernen von Latein und Griechisch eine unverhältnismäßig *lange Zeit*[62] in der recht kurz veranschlagten schulischen Ausbildungsperiode verschlingen würde, fand er *Abhilfe*[63] dadurch, *daß er mich noch im Säuglingsalter und bevor sich noch meine Zunge zu lösen begann, einem Deutschen anvertraute, der nachmals als ein berühmter Arzt in Frankreich starb* (Horstanus) *und der unserer Sprache völlig unkundig, aber im Lateinischen sehr wohl bewandert war*[64].

Eine weitreichende Latinisierung der Haushaltung zu Montaigne war die Folge. Nicht nur Vater und Mutter (einzig an dieser Stelle in den *Essais* wird ihre Existenz erwähnt), sondern auch die Dienerschaft bedienten sich dieser Sprache, gewiß in unterschiedlichem Wortreichtum, aber doch mit dem Ergebnis, daß die Eltern für den «Notfall» zum vollen Verständnis genügend Kenntnisse erwarben. Reste der lateinischen Namensgebung gelangten sogar bis zu den Handwerkern in den umliegenden Dörfern, und der Sohn Michel brachte es schon im Alter von sechs Jahren – allerdings um den Preis, kein Wort Französisch und Périgordinisch zu sprechen – zu ausgereiften Lateinkenntnissen: *Ohne Kunst, ohne Buch, ohne Grammatik und Regel, ohne Ruten und Tränen hatte ich ein so reines Latein gelernt, wie mein Lehrer es konnte.*[65] Diese Erziehungsmethode des ungezwungenen Spiels fand auch beim Erlernen des Griechischen Anwendung, wenn die Deklinationen wie Bälle in harmloser Sprachübung durch den Raum geworfen wurden. Sie dürfte ihren Höhepunkt, den selbst der Sohn als *Schwärmerei*[66] bezeichnet, erreicht haben, wenn jeweils am Morgen, um das Kind nicht mit Gewalt aus dem Schlaf zu reißen, es sanft durch den Klang eines Musikinstruments aus demselben gelockt wurde.

Häufig und dankbar gedenkt Montaigne dieser väterlichen Achtsamkeit, nicht zuletzt in krassem Vergleich zu den folgenden Jahren auf dem Collège de Guyenne in Bordeaux, das *damals in höchster Blüte stand und das beste in Frankreich war*[67] und an das der Vater persönlich den Humanisten Elias Vinet berufen ließ. Dort geriet sein Latein *unverweilt auf den Hund*[68], so daß *durch Entwöhnung alle meine Fähigkeiten*[69] verlorengingen. Später zieht er über diese Zeit, die mit seinem Alter von dreizehn Jahren ihren Abschluß fand, eine bittere Bilanz: ...*in Tat und Wahrheit ohne irgendeinen Ertrag, den ich heute noch in Anschlag bringen könnte.*[70]

In der lebenslangen Trauer darüber, aus dem Kindheitsparadies der großherzigen Vaterpädagogik früh vertrieben worden zu sein, ohne jemals wieder in einen ähnlichen Freiraum der spielerischen Entfaltung aller Anlagen zu gelangen, hat Michel de Montaigne über seine Schulzeit im Collège de Guyenne nur einiges Negatives berichtet. Immerhin erwarb er unter der Leitung des portugiesischen Humanisten Andrea Gouvéa, durch Mathurin Cordier, Elias Vinet und wahrscheinlich Georges Buchanan erweiterte Kenntnisse der römischen und griechischen Klassiker.

Über sein Studium der Rechte hat er ganz geschwiegen. Er absolvierte es von 1546 bis 1554, erst in Bordeaux, wo er Nicolas de Grouchy und Marc-Antoine Muret hörte, sodann, seit 1549, wahrscheinlich auf Rat seines Vaters, der ihn von den Gewalttätigkeiten in Bordeaux fernhalten wollte, in Toulouse, wo er den Vorlesungen von Adrien Tournèbe[71], Pierre Bunel und Jean Coras folgte und zugleich bei den Verwandten mütterlicherseits gut aufgehoben war.

Hier in Toulouse, bei seinen jüdischen Verwandten Lopez, die möglicherweise aus Villanova bei Toledo eingewandert waren, könnte Michel

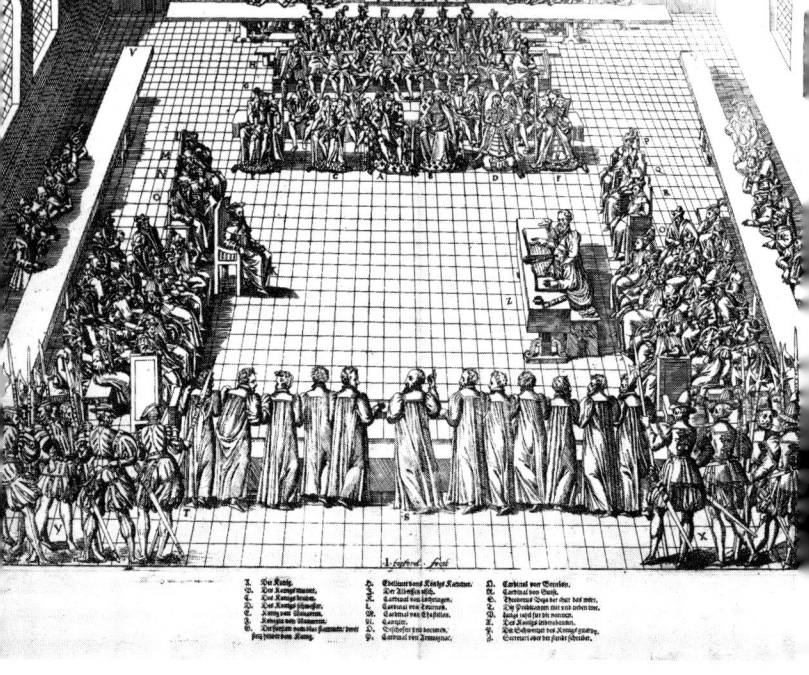

Das Religionsgespräch zu Poissy, 9. Oktober 1561

de Montaigne auch erstmals in nähere Berührung mit der religiösen Opposition der Hugenotten gekommen sein. Da seine Mutter, deren jüdische Familie in Spanien nur Grausamkeiten von der katholischen Kirche erfahren hatte, auch aus diesem Grund Protestantin gewesen sein dürfte, wird ihr persönliches Verschwinden in den *Essais* etwas erklärbarer. Die späte Hinwendung der zwei Geschwister Thomas und Johanna zum Protestantismus mag sehr wohl auf den frühen Einfluß der Mutter zurückgehen. Michel hingegen wich Zeit seines Lebens nicht von der katholischen Konfession ab – mochte er sie auch noch so konventionell ausüben.

Michel de Montaignes behütetes Leben geriet spätestens seit 1548 in den Sog der sozial- und religionspolitisch zunehmend unruhiger werdenden Zeit. In Bordeaux kam es in jenem Jahr wegen der Salzsteuer, der «Gabelle», zum Aufstand von 2000 «Rebellen». Sie töteten den königlichen Statthalter und wurden ihrerseits von den bewaffneten Bürgern niedergeworfen, Exekution der «Rädelsführer» eingeschlossen. Schließlich rückte der berüchtigt grausame Konnetabel Montmorency zur Strafexpedition an und unterwarf die Stadt im Namen des Königs Heinrich II., einschließlich der Abschaffung aller ihrer Privilegien sowie des Rechts, allein den Bürgermeister wählen zu dürfen.

Pierre Eyquem war direkter Mitgestalter dieser unruhigen Epoche in der Stadtgeschichte von Bordeaux. Das ihm 1554 übertragene Amt des Bürgermeisters veranlaßte ihn sofort, die Rückgabe wichtiger Stadtrechte in Paris beim König zu erwirken. Dabei dürften seine treuen Kriegsdienste gegenüber dem Vater Heinrichs II. in Italien wie auch das Geschenk von zwanzig Tonnen besten Bordeaux-Weins gleichermaßen ins Gewicht gefallen sein. Seine Petitionsreise, an der Michel de Montaigne teilnahm, war äußerst erfolgreich, denn Heinrich II. gewährte erneut wichtige städtische Privilegien. Doch das Recht der freien Bürgermeisterwahl wurde eingegrenzt von einer lebenslangen auf eine zweijährige Amtszeit des geweiligen Inhabers.

Im selben Jahr 1554 ließ Pierre Eyquem mit Erlaubnis seines Lehnsherrn das Schloß zu Montaigne ausbauen und die Türme befestigen, wie er im Gegensatz zu seinem Sohn stets bemüht war, seinen Besitz zu erweitern und abzurunden. Er schloß in den Jahren von 1528 bis 1559 nicht weniger als rund 250 Kaufverträge ab. Auch für seinen Sohn sorgte er vor, indem er ihm die Stellung eines Rats am Steuergerichtshof von Périgueux verschaffte, den Heinrich II. erst in diesem Jahr eingerichtet hatte. Michel de Montaigne erhielt damit sein erstes Amt im Alter von 21 Jahren durch direkte Protektion seines Vaters, dessen rastlose Tätigkeit sein Sohn in den *Essais* rühmend festhält – zumindest die für seine öffentlichen Ämter: *Ich erinnerte mich, ihn in meiner Kindheit als alten Mann gesehen zu haben, wie sein Geist von diesen öffentlichen Plackereien grausam mitgenommen ward, wie er die milde Luft seines Landsitzes, den ihm die Gebrechlichkeit seines Alters schon seit langem zu verlassen verbot, seine Haushaltung und seine Gesundheit vergaß, und wie er sein Leben für nichts achtete und auf langen und beschwerlichen Reisen aufs Spiel setzte, die er für sie unternahm. So war er; und diese Gesinnung entsprang bei ihm aus einer großen natürlichen Güte: nie hat es eine liebreichere und leutseligere Seele gegeben.*[72]

Drei Jahre danach, 1557, wurde Michel de Montaigne Parlamentsrat von Bordeaux und erlebte wenig später die schicksalhaft ihn zeichnende Begegnung mit Étienne de La Boëtie. Sie ließ ihn in der Freundschaft die höchste Steigerung seiner Existenz und den ethisch-geistigen Höhepunkt seines Lebens sehen. Sein Kollege im Amt als Parlamentsrat in Bordeaux war gut zwei Jahre älter und hatte ebenfalls eine sorgfältig geregelte Erziehung sowie eine früh ansteigende Berufskarriere durchlaufen, die ihn 1554 nach Bordeaux führte. Geboren am 1. November 1530 in Sarlat im Schwarzen Périgord, in jener noch heute in ihren mittelalterlichen Bauten bis hin zur Spätgotik und Renaissance glanzvoll erhaltenen Bischofsstadt, war sein Vater Leutnant des Seneschalls der Provinz und bewohnte den prächtigen, zentral gegenüber der Kirche gelegenen Renaissancebau. Der frühe Tod des Vaters verhinderte jedoch nicht eine zielstrebige Standeserziehung, die ein geistlicher Onkel übernahm, der ihn in die geistige Gesellschaft der Stadt einführte. Schon im Nachbarhaus wohnte der Bischof, der italienische Kardinal Niccolò Gadda, ein Humanist, Verwandter der Medici und gewiß auch Kenner der Schriften Machiavellis. Es war übrigens im Jahr der Geburt Montaignes, daß mit Katharina von Medici, der Gemahlin Heinrichs II., die Tochter Lorenzos von Medici, des Herzogs von Urbino und letzten Herrschers der älteren Medici-Linie, nach Frankreich kam, dem Machiavelli seinen «Fürsten» gewidmet hatte. Doch La Boëtie lernte wenig später auf der Universität von Orléans, wo er wie Montaigne Rechtswissenschaften studierte, auch die Gegenpartei zur streng katholischen Kirchentreue kennen – den Legisten Anne du Bourg, der als hochgeachteter Jurist bis 1557 in Orléans lehrte, um danach ans Parlament berufen zu werden. Das Schicksal dieses Calvinisten, der es 1559 wagte, freimütig vor Heinrich II. zu sprechen und dafür in die Bastille geworfen, zum Ketzer erklärt und am 20. Dezember desselben Jahres auf Betreiben der Guisen nicht nur gehängt, sondern anschließend auch verbrannt wurde[73], weist bereits auf die Brutalität der Religionskriege. Neben diesem späteren Märtyrer der Reformierten begegnete er auch Lambert Daneau, der zum Verteidiger der Hugenotten werden sollte. Zu ihm knüpfte er freundschaftliche Beziehungen, ohne allerdings von seiner eigenen Konfession eines tolerant-stabilen Katholizismus abgewichen zu sein.

Doch lange bevor er nach Bordeaux kam, wahrscheinlich schon 1548, hatte Étienne de La Boëtie die furiose und staatsrechtlich höchst radikale Schrift «Von der freiwilligen Knechtschaft» verfaßt, die wenig später auch den Titel «Contr'un» («Gegen einen») erhielt. Von ihr bekennt Michel de Montaigne, sie habe ihm die *erste Kunde* vom Namen des späteren Freundes verschafft und sei *Vermittlerin unserer ersten Verbindung*[74] gewesen. Es ist irritierend, daß diese Schrift auf einen Autor von erst achtzehn Jahren zurückgeht, denn sie stellt gleichsam einen philosophisch-staatstheoretischen Gegenentwurf zu Machiavellis «Fürsten» dar. Zwar ist sie getragen vom rhetorisch-jugendlichen Elan eines schnellen Sturmlaufs, doch zugleich weittragend in dem utopischen Projekt einer tyrannen-, ja geradezu fürstenfreien Gesellschaft nach dem demokratischen Gleichheitsprinzip. So lakonisch wie radikal wirft La Boëtie in den politi-

Katharina de' Medici. Gemälde von François Clouet

schen Raum zunehmender sozial-religiöser Unruhen in Frankreich die These, daß der Tyrann «von selbst gestürzt ist, wenn das Land nur nicht in seine Knechtschaft einwilligt. Man braucht ihm nichts zu entziehen, sondern ihm nur nichts zu geben» [75], denn «das Volk unterwirft sich selbst und schneidet sich die Kehle durch, und bei der Wahl, Sklave zu sein oder frei, gibt es seine Unabhängigkeit auf und beugt sich unter das Joch, es willigt in sein Elend ein oder jagt ihm vielmehr nach» [76]. Dahinter offenbart sich die Naturrechtslehre, daß die «Natur» – auf sie wird auch Montaigne sich später stützen – alles «vernünftig» regelt und daß der Mensch «von Natur aus frei» sei. [77] Als «erste Ursache der freiwilligen Knechtschaft» ist dagegen «die Gewohnheit» [78] wirksam, zu der sich falsche Erziehung, «Spiele

Karl IX. Zeitgenössischer Kupferstich

und Feste»[79] und andere Listen des Tyrannen gesellen. Zu ihnen wagt La Boëtie auch den «Zipfel Göttlichkeit»[80] und «Lilien» sowie «heiliges Salböl»[81] zu rechnen, womit ein unmittelbares Sakrileg des heiligen Krönungsöls der französischen Herrscher in Saint-Denis erreicht war. Obgleich fast alle Tyrannenexempel der griechisch-römischen Geschichte entlehnt sind, wobei Plutarch ebenso als Historiograph sichtbar wird wie später bei Montaigne, nennt La Boëtie als wahre Ursache und Stützen die Günstlingswirtschaft von «vier oder fünf Leuten», die für ihn «das ganze Land in Knechtschaft»[82] halten. Wandelt sich ein König zum Tyrannen, dann «sammelt sich um ihn der Unrat und Abschaum des Landes, nicht die kleinen Spitzbuben und Gauner, die einem Staat nicht viel schaden oder nützen können, sondern Leute von brennendem Ehrgeiz und besonderer Habsucht helfen ihm, um ihren Anteil an der Beute zu bekommen und um selbst unter dem großen Tyrannen den kleinen Tyrannen zu spielen»[83].

Schon wenige Jahre später waren diese Tyrannei-Symptome unter Karl IX. und besonders Heinrich III. am Hofe der letzten Valois krasse Realität geworden. Auch jenseits der prognostischen Diagnose wies der Autor bereits in Richtung der Therapie, wenn er als heroische Leitbilder aus Rom die Attentäter Cato, Cassius und Brutus zur Rettung der Republik herbeirief, so daß sie ihre höchst indirekte Wirkung noch auf Jacques Clément und François Ravaillac, die Mörder Heinrichs III. und Heinrichs IV., ausüben konnten.

Die Schrift «Von der freiwilligen Knechtschaft», nachdem sie zunächst handschriftlich zirkuliert hatte, erschien im Jahre 1577 in der Sammlung «Mémoires de l'État de France sous Charles Neufiesme». Sie wurde in der dreibändigen Zusammenstellung politischer Denkschriften vereinigt mit Texten höchst unterschiedlichen Charakters, die aber alle den oppositionellen Hugenotten zuzurechnen waren. Besonders galt dies für die Schrift mit dem Titel «Politicus», die 1572 unter dem Pseudonym Eusebius Philadelphus Cosmopolita unmittelbar nach der Bartholomäusnacht herauskam und deren Autor in den Bericht über die blutigen Ereignisse der öffentlichen Ermordung von Tausenden von Hugenotten in Paris ein Viertel des Textes der «freiwilligen Knechtschaft» einfließen läßt.

Montaigne hat die Gefahr der falschen Vereinnahmung des Freundes zugunsten von dessen und seinen eigenen politischen Gegnern sogleich erkannt. Deshalb nahm er von seinem Plan Abstand, La Boëties Schrift gerade an jener zentralen Stelle in den *Essais* einzurücken, wo er – in der Allegorie jenes Malers, der gerade seinen Turm ausmalte – nach vielen Randarabesken eine weiße Fläche für *ein reiches, ausgefeiltes und nach den Regeln der Kunst gebildetes Gemälde* [84] freigelassen hat.

Er läßt auf den Essay *Von der Freundschaft* jedoch als nächsten Text 29 Sonette des Freundes drucken und begründet seine Zurückhaltung mit der Sorge um den politischen Mißbrauch des toten Freundes, dessen Hauptwerk er lieber unverbreitet denn als Waffe in der Hand der Hugenotten sieht: *Weil ich gefunden habe, daß dies Werk seitdem von solchen Menschen aus böser Absicht in den Druck gegeben wurde, welche den Staat zu beunruhigen und seine Verfassung zu ändern trachten, ohne eben zu wissen, ob sie solche auch verbessern möchten, und weil sie dies Werk mit anderen Schriften von ihrem eigenen Machwerk zusammengemengt haben: so habe ich mich eines anderen besonnen und werde es hier nicht einrücken.* [85]

Diese Frühschrift La Boëties, von der dieser selbst sich kurz vor dem Ende seines jungen Lebens in der Schrift «Les Troubles – Erinnerungen an das Januar-Edikt von 1562» königstreu und katholizismusergeben recht weit entfernte, war der erste indirekte Kontakt zu Montaigne. 1557 kam es in Bordeaux zufällig bei *einer großen städtischen Feier und Gesel-*

ligkeit[86] zur persönlichen Begegnung, die sofort in Montaigne extreme Hochgefühle auslöste. Der Charakter dieser Freundschaft dürfte ein selten glückliches Zusammentreffen von klassischer Geistesaristokratie, brüderlicher Körpernähe und politischem Aufbruchsinteresse der neuen Juristengeneration gewesen sein. Montaigne, der entgegen seinem reserviert-bedächtigen Temperament sofort jede Distanz der Konvention aufgab, rückt das Ereignis ihrer Verbindung in historische Dimensionen und scheut nicht vor gewagten, ja waghalsigen Superlativen zurück: *Wir haben, solange es Gott gefiel, diese Freundschaft so restlos und innig zwischen uns gehalten, daß sich kaum in der Überlieferung ähnliche finden und unter den heutigen Menschen sicherlich keine Spur davon anzutreffen ist. Es muß soviel zusammentreffen, um dergleichen zu erreichen, daß es viel ist, wenn das Schicksal es einmal in drei Jahrhunderten zustande bringt.*[87] Nur einmal im Leben Montaignes, in der geistig-gefühlssicheren Verbindung mit Étienne de La Boëtie, hat es die radikale Preisgabe der eigenen Person gegeben, wie sie in ähnlicher emotionaler Intensität in der libidinösen Ekstase zwischen den Geschlechtern oder auch in der Unio mystica der religiösen Erweckung erlebt wird. In der sprachlichen Tradition dieser im weitesten und nicht im engeren Sinne «Liebes»-Begegnung drückt sich Montaigne im Rückblick auf die große Epoche ihrer gottgewollten Gemeinschaft aus: *In der Freundschaft, von der ich spreche, mischen und vereinigen sie sich beide in dermaßen völliger Verschmelzung, daß sie ineinander aufgehen und die Naht, die sie verbindet, nicht mehr finden. Wenn man in mich dringt, zu sagen, warum ich ihn liebte, so fühle ich, daß sich dies nicht aussprechen läßt, ich antworte denn: Weil er er war; weil ich ich war.*[88] Kaum einen der grandiosen Erlebnisbegriffe läßt Montaigne aus, um in seiner Totenbeschwörung, die auch hier Eros und Thanatos zusammenfallen läßt, dem Freund in den *Essais* ein literarisches Standbild zu errichten. Es war eine *unbegreifliche und unabwendbare Macht*[89], die diesen *Bund*[90] stiftete, der durch nichts Geringeres als eine *Fügung des Himmels*[91] zustande kam. So wie beiden klassisch gebildeten Juristen im Alter von 36 und 34 Jahren das antike Vorbild der griechischen Männerfreundschaft von Achill und Patroklos gegenwärtig gewesen sein dürfte, so bemüht Montaigne ganz unmittelbar die Ideenlehre Platons, wenn er sogar Idee und Abbild in der Freundschaft zusammenfallen läßt, da sie selbst in der Realität zur ideellen Reinheit gelangte: *Diese hier hat kein anderes Urbild als in sich selbst und kann nur an sich selbst gemessen werden.*[92]

In jenen Jahren der intensiven Freundschaft von 1557 bis 1563 – Montaigne verkürzt sie auf vier, da er die Zeit seiner Abwesenheit in Paris als Verlust der körperlichen Nähe abrechnet – lief dem Karrierestreben der beiden Männer jedoch zielstrebig weiter. Auch dürfte La Boëtie eine höchst harmonische Ehe mit seiner Frau, der verwitweten Margarete von Arsac, geführt haben. Diese brachte zwei Kinder mit in die Ehe und hatte ihn kurz nach seiner Ernennung zum Parlamentsrat in Bordeaux geheiratet. Montaigne, der erst nach dem Tod des Freundes eine solide Vernunft- oder Handelsehe schloß[93], die er weniger von Liebe als von Freundschaft getragen sehen wollte[94], hat unwandelbar an einer Art Degradierung der Frauen festgehalten. Er glaubte sie zu einer so edlen Lebenserhöhung wie der Freundschaft nicht in der Lage – anthropologisch oder zumindest zivilisationshistorisch: *Um die Wahrheit zu sagen, die geistigen Gaben der Frauen reichen gemeinhin nicht zu jenem Gedankenaustausch und Umgang hin, aus dem diese heilige Verbindung* (der Freundschaft) *erwächst; noch scheint ihre Seele stark genug, um die Spannung eines so festgeknüpften und so dauerhaften Bandes zu ertragen.*[95] Dem geistigen Defizit der Frauen gewährte Montaigne einen ästhetischen Ausgleich: *Der wahre Vorzug der Frauen ist ihre Schönheit*[96], deren Ausmaß er sogar mit einem Superlativ auszeichnete: *Die Welt hat nichts Schöneres als sie.*[97] Mit dieser ästhetischen Auszeichnung aber sollte es auch sein Bewenden haben, denn das Schminken bringt sie in direkten Bezug zu ihrer einzigen Sinnhaftigkeit: *Was hätten sie nötig, als geehrt und geliebt zu leben?*[98] Um dieses Ziel aber zu erreichen, bedarf es keiner Aus- oder Weiterbildung, denn *dazu haben und wissen sie schon genug und übergenug*[99]. Von allen Künsten und Wissenschaften ist ihnen allenfalls die Poesie zuzugestehen, denn sie stellt einen *schicklichen Zeitvertreib* dar, weil nur sie spielerisch, *listenreich, plauderhaft* und *ganz zur Augenweide* da ist *wie sie*, die Frauen.[100] Da diese also der Klugheit, der Überlegung und nicht zuletzt der Freundschaft entbehren, fällt die Aufgabe, *die Geschäfte der Welt zu führen*[101], an die Männer.

Doch war Montaigne keineswegs ein Frauenfeind, der sich brüsk von dem anderen Geschlecht abwandte. Vielmehr wollte er lediglich deren soziale Rolle, die nur einige aristokratische und geistesaristokratische Damen wie Margarete von Navarra durchbrochen hatten, im traditionellen Verständnis unangetastet sehen. Daß diese Rolle ihre immanenten Widersprüche hatte, etwa durch die monopädagogische Ausrichtung der Frau auf sinnliche Reize, deren freizügige Anwendung die Männer jedoch mit dem Gebot der Jungfräulichkeit vor der Ehe wie der Treue in der Ehe unter hohe gesellschaftliche Strafe gestellt hatten, übersieht Montaigne keineswegs und weist nicht zuletzt auf die Ungerechtigkeit dieser männlichen Justiz hin: *Wir erklären die Dinge zu Lastern und benennen ihre Schwere nicht nach ihrer Natur, sondern nach unserem Eigennutz.*[102] Dennoch hat Montaigne sein Leben lang dem Umgang mit Männern den Vorzug gegeben, zumal die frühe Freundschaft mit La Boëtie ihm als Maßstab des idealen Miteinanders nie verlorenging.

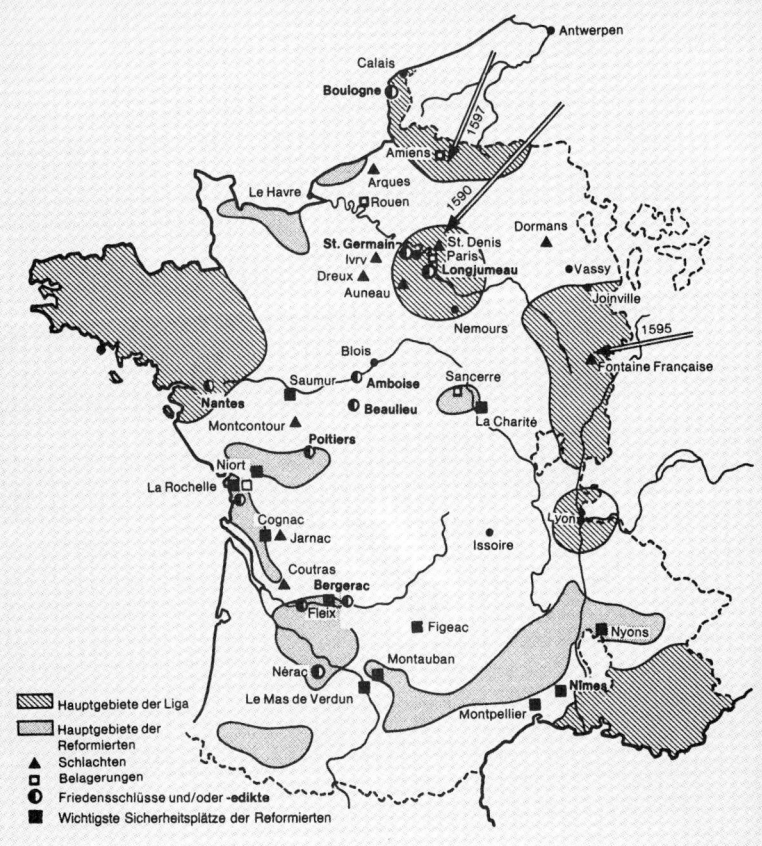

Karte zu den Bürgerkriegen

Der nahezu tägliche Gedankenaustausch und Umgang der Freunde ließ sich jedoch nicht ohne Unterbrechung fortsetzen, denn Montaigne reiste 1559, als in Bordeaux bereits 7000 Hugenotten lebten, an den Hof Franz' II. und begleitete den König nach Paris sowie nach Bar-Le-Duc.[103] Franz II. starb jedoch im folgenden Jahr, woraufhin Karl IX. – im Alter von zehn Jahren – den französischen Thron bestieg und zugleich seine Mutter Katharina von Medici über die Regentschaft endgültig zur Herrscherin Frankreichs aufstieg. 1561 sandte das Parlament von Bordeaux Montaigne erneut nach Paris, um eine Regelung wegen der religiösen Unruhen in Guyenne, wo die Protestanten besonders stark waren, zu erreichen. Es kam zu einer Art politischer Parallelaktion der beiden Freunde an verschiedenen Fronten der sich ankündenden Religionskriege. Während Montaigne in Paris verhandelte, wurde La Boëtie beauftragt, in Agens dem Kommandanten der königlichen Truppen bei der Niederwerfung oder zumindest Beruhigung der Hugenotten zu helfen. Zugleich scheint Montaigne, ohne daß dafür Beweise vorliegen, während des langen Aufenthalts von anderthalb Jahren in Paris mit Ambition eine politische Karriere betrieben zu haben[104] – wohl mit keinem anderen Ergebnis als fortgesetzter Enttäuschung.

Vielleicht ist in diesem Zusammenhang persönlicher Bemühungen bei Hofe auch der ungewöhnliche Schritt Montaignes zu sehen, am 10. Juni 1562 unaufgefordert ein öffentliches Bekenntnis seines katholischen Glaubens vor dem Präsidenten des Pariser Parlaments abzulegen. Es geschah als Folge des Edikts vom «17. Januar 1562», mit dem Katharina von Medici und ihr gemäßigt-liberaler Kanzler Michel de l'Hospital (ihm als einzigem unter den Lebenden hat Montaigne die Ehre eines Zitats an der Decke seiner Bibliothek gewährt[105]) eine Art Waffenstillstand mit Wahrung des Status quo festschreiben wollten. Das weitgehende Entgegenkommen in dem Edikt gegenüber den Hugenotten, das ihnen öffentliche Ausübung ihres Gottesdienstes, gleichberechtigte Ämterbesetzung bei den Gerichten und bewaffnete Sicherung ihrer festen Plätze wie La Rochelle zugestand, machte diese verbrieften Konzessionen der Krone zu einem später immer wieder von den Reformierten herangezogenen und von den Valois-Königen in Frage gestellten Vertragswerk. Erst im Edikt von Nantes im Jahre 1588 sollte es seine Entsprechung finden. In Paris, wo diese Toleranzregeln einzig nicht gelten sollten, hielt es Montaigne für angemessen, seine katholische Glaubenstreue demonstrativ zu zeigen. In Bordeaux, wo es im Juli und August zu öffentlichen Glaubensbekenntnissen der katholischen Konfession kam, schrieb La Boëtie vorher im selben Monat Juni seine «Mémoire sur l'Édit de Janvier», in dem er sich ebenso eindeutig wie sein Freund in Paris zur königlich-katholischen Partei bekannte: «Man muß nach meiner Ansicht mit der Bestrafung der im Religionsstreit begangenen Übergriffe beginnen. Danach soll man irgendwie nur eine Konfession bestehen lassen, und zwar die ältere. Sie ist aber derart zu reformieren, daß sie völlig neu erscheint und völlig andere Sitten aufweist. Dabei ist mit solcher Mäßigung vorzugehen, daß man in allem, was die Lehre der Kirche hinnehmen kann, sich den Protestanten anpaßt, um sie alle in einer Herde zu vereinigen...»[106]

Beider Freunde religionspolitische Position dürfte sehr ähnlich gewesen sein. Doch drang La Boëtie bereits früh mit detailliert-pragmatischen Lösungsvorschlägen in die öffentliche Debatte vor, während Montaigne erst später, als die Religionskriege schon fast zwei Jahrzehnte andauer-

Johann Calvin. Zeitgenössisches Gemälde

ten, seine *Essais* veröffentlichte, so daß seine Haltung nicht mehr von Versöhnungshoffnungen, sondern von den bereits erfahrenen Grausamkeiten und Willkürakten des religiösen Bürgerkriegs bestimmt ist, die der Freund unter Hinweis auf eine vergleichbare Entwicklung in Deutschland klarsichtig prognostizierte. 1562 benannte La Boëtie ganz unverhohlen die kirchlichen Mißbräuche als erste Ursache der Unruhen, und das heißt als Ursprung der Reformierten, und entwarf selbst die Skizze einer gereinigt erneuerten katholischen Kirche ohne Ämterkauf, Reliquienverehrung, Pfründenwesen. Er forderte am Ende die Einheit in der alten Kirche, die nach der «Reform» auch in dem Maße zur einzigen in Frankreich werden sollte, daß er dem König das Verbot der «neuen Kirchen mit allen dort geschaffenen Ämtern»[107] anriet und bei Zuwiderhandlung für die reformierten Geistlichen nicht weniger als die Todesstrafe empfahl. Und während La Boëtie die Anfänge der Religionskriege in Agens unmittelbar vor Augen hatte, sammelte auch Montaigne seine ersten direkten Kriegseindrücke, indem er im Oktober dem König nach Rouen folgte, der mit militärischem Aufwand die Stadt den Hugenotten entriß. Dort hatte Montaigne auch eine Begegnung mit einigen Ureinwohnern Brasiliens, die, als Exoten und *Menschenfresser*[108] vorgeführt, ihm in ihrer Gefangenschaft als Träger einer höheren Kultur der unverbildet-unaufwendigen Lebensart erschienen und seinen Naturbegriff als idealisiertes Gegenbild zur unaufrichtig-verstellten Zivilisation entscheidend prägten.

Im Februar 1563 nach Bordeaux zurückgekehrt, verbrachte Montaigne nur noch wenige gemeinsame Monate mit dem Freund, der überraschend am 18. August an der Ruhr starb[109] und Montaigne zum Erben seines literarischen Nachlasses bestimmte – einschließlich seiner Bibliothek. La Boëtie, dessen körperliche Häßlichkeit selbst Montaigne in krassem Gegensatz zu seinem Seelenadel sah[110], starb in jener neostoischen Gelassenheit und geistig-souveränen Tapferkeit, die ethischer Maßstab ihrer Freundschaft gewesen war. Montaigne verlor mit dem engen Partner dieser heroisch verhaltenen Kulturaristokratie den emotionalen Mittelpunkt seines Lebens. Damit vollendete sich die Epoche seiner Erziehung zum intellektuell-aristokratisch erwachsenen Individuum in einer bis in den Tod makellosen Großherzigkeit. Als deren unmittelbares Zeugnis gilt der Brief über das Sterben des Freundes an den Vater. Diesen Brief dürfte Montaigne kurz nach dem Tod La Boëties geschrieben haben, und er fügte ihn der Werkausgabe seines Freundes von 1570 am Ende bei. La Boëtie habe in christlich höchst gefestigter Haltung Abschied genommen, indem er ihrer *reinen und tiefen Freundschaft*[111] gedachte und sich dem göttlichen Willen überantwortete: *Schon seit langer Zeit war ich bereit und hatte mit dem Herzen die Lektion des Lebens gelernt. Doch heißt es, sein Leben erfüllt zu haben, schon in dem Alter, in dem ich noch bin? Ich war bereit, in mein 33. Lebensjahr einzutreten. Doch Gott gewährte mir die Gnade, daß alles, was ich bis zu dieser Stunde meines Lebens erlebt habe, mir bei voller Gesundheit und glücklichem Gelingen gegeben wurde: angesichts der Unsicherheit des menschlichen Geschicks konnte dieser Zustand kaum länger andauern.*[112] Wie wenig Montaigne die letzten Worte des Freundes in leere Verehrung enträckte, wird sichtbar, wenn La Boëtie sich, als das Sterbezimmer voll laut klagender Menschen war, an Montaignes ein Jahr jüngeren Bruder Thomas, den Herrn von Beauregard und später auch von Arsac, friedenstiftend wandte: *Haben Sie Respekt vor dem Willen Ihres Vaters, jenes guten Vaters, dem Sie soviel verdanken, auch vor dem Willen Ihres Onkels, Ihrer Brüder, vermeiden Sie die Extreme, seien Sie nicht abweisend und unfriedfertig, suchen Sie den Ausgleich mit ihnen. Sie sehen, wie viele Zerstörungen die unterschiedlichen Überzeugungen unserem Königreich gebracht haben... und wenn Sie klug und gutwillig sind, werden Sie dazu beitragen, die Differenzen in Ihrer Familie zu beseitigen.*[113]

Der Triumph des Individuums: Die «Essais»

Ich studiere mich mehr als irgendeinen Gegenstand. Das ist meine Metaphysik, das ist meine Physik. [114] Erst spät, gegen Ende des III. Teils der *Essais*, der 1588 erstmals erschien, gelangt Montaigne zu einem begriffsphilosophischen Urteil dessen, was er seit 1571 im Turm der Schloßmauer seines Adelssitzes betreibt, denkend und schreibend. Ein Jenseits der aristotelischen Kategorien Physik und Metaphysik und ein Mehr als ihre Summe ist erreicht – das Individuum in seinem Universalismus. Hochgemut für das eigene Selbstbewußtsein und herausfordernd nicht zuletzt für die religiöse Hierarchie ist die programmatische Erklärung, auch die Metaphysik in dem *Gegenstand* des eigenen Ich aufgehen zu lassen, integral und restlos. Dieser «Erhöhung» des Individuums zum metaphysischen Gegenstand, so daß der Gott des katholischen Glaubens in den Hintergrund einer so unangefochtenen wie unverbindlichen Konfession aus ritueller Konvention gedrängt wird, steht seine Erniedrigung zu einem höchst wechselhaften, unbeständigen, vergänglichen, eben menschlichen Wesen gegenüber. Dessen Widersprüchlichkeit stellt Montaigne bereits im ersten Essay an historischen Beispielen fest, die den Menschen in vergleichbarer Situation sowohl menschlich-human wie unmenschlich-grausam zeigen. So wird ein originär-philosophisches Staunen freigesetzt, im Menschen *ein wundersames eitles, wandelbares und schillerndes Ding* (subject) [115] zu entdecken.

Aus der Widersprüchlichkeit des menschlichen Wesens drängt sich für Montaigne, der sich selbst diesem Wandel des eigenen Wesens bis zur immanenten Gegensätzlichkeit unterworfen weiß, eine programmatische Selbsterkundung in den *Essais* auf. Sie erscheint gerade deshalb unumgänglich, weil *es schwer ist, ein festes und eindeutiges Urteil auf ihn* (den Menschen) *zu gründen* [116]. Doch bei allem Eingeständnis, in eigener Person *mit den niedrigsten und gemeinsten Mängeln behaftet* [117] zu sein und in seinem Wesen permanent sich zu verändern, besteht er als Person Montaigne darauf, einen *Wert einzig darin* [118] zu finden, seinen Wert zu kennen und anzuerkennen. Das geschieht gewiß nicht ohne sokratischen Stolz und unter Heranziehung von dessen dialektischer Wende der Selbsterhöhung aus Selbsterniedrigung.

Montaigne. Crayonstich von Jean Charles François nach Moral

Der Physiker und Metaphysiker seiner selbst, der sich in den *Essais* zum zwar nicht einzigen, so doch ersten und vorrangigen *Gegenstand* geworden ist, stellt gerade im Denk- und Schreibprozeß das Prinzip der permanenten Veränderung fest: *Meine ersten Bücher erschienen 1580. Seitdem bin ich um ein gutes Bündel Jahre älter geworden; aber weiser geworden bin ich gewiß nicht um Daumesbreite. Ich heute und ich einst, das sind zweierlei Mensch: aber welches der bessere, wüßte ich nicht zu sagen... So aber ist er der torkelnde, schwindelige, unstete Gang eines Betrunkenen, oder gleicht den Binsen, die der Wind hin und her weht, wie er will.*[119]

Ohne die metaphysische Instanz Gottes, die für die Jahrhunderte des Mittelalters Garant der Stabilität von Wesen und Sein war, im geringsten anzufechten, rückt nun der Mensch in der vereinzelten Person Michel de Montaignes in den Rang der Metaphysik auf. Zugleich wird die Metaphysik der Stabilität von der Metaphysik der Instabilität abgelöst. Bereits am Anfang der *Essais* steht für Montaigne das Erstaunen darüber, daß der Mensch, dessen exemplarische Verhaltensmuster er aus der heroisch-martialischen Geschichte des antiken Sizilien wie aus der des ihm noch recht nahen Hundertjährigen Kriegs auswählt, zeitlos ein Wesen des Wandels, des Wechsels, des Widerspruchs ist. Zwischen Ärgernis und Anerkennung, die ihrerseits im Laufe der *Essais* einem stetigen Schwanken ausgesetzt sind, ohne daß der geradezu physische Befund jemals in seiner metaphysischen Härte angefochten wird, steht die immer erneut bestaunte Tatsache als einzige stabile menschliche Erkenntnis fest, daß der Mensch in seinem permanent mutierenden Wesen nicht zu fassen ist. Zu seiner Unbeständigkeit kommt schließlich sein unzweifelhaft geringer Rang als Sterblicher, den seine Souveränität der Einmaligkeit gegenüber dem Göttlichen nicht vor dem Gesetz des Natürlichen im Vergehen schützen kann. Montaigne selbst konstatiert angesichts des weisesten, das heißt in sich selbst autonomen Individuums realistisch: *...am Ende bleibt er ein Mensch: was gäbe es Hinfälligeres, Elenderes und Niedrigeres?*[120] Mit dieser Sterblichkeit, die zugleich das Signum seiner Niedrigkeit im Tod und seiner Größe im Leben ist, nicht leichtfertig umzugehen, mahnt Montaigne dringend an. Das Leben, mag es im Maßstab des Unendlichen nichts Niedrigeres geben, als Endliches ist es nicht *geringzuschätzen*, denn *es ist unser alles.*[121]

Es ist deshalb nicht mehr die mittelalterlich-kreatürliche Klage, daß der einzelne Mensch ein schwankendes Rohr (Pascal bemühte dies Bild später noch einmal) ist, das in jeder seiner Bewegungen einschließlich seines Untergangs von Gott geführt wird. Und es ist noch nicht der barocke Kult, mit dem die katholische Kirche der Gegenreformation ein letztes Mal das Jenseits-Prinzip, das des alles Leben überschattenden Todes, zur Herrschaft über das Denken setzt. Es ist vielmehr bereits das moderne Individuum in seiner Souveränität, gottlos in seiner Abhängigkeit nur von sich selbst und heillos in seiner Preisgabe jeder mehr als konventionellen Glaubensordnung.

So sinnvoll wie aussichtslos wird das Bemühen bleiben müssen, im

Leben Montaignes jene privaten Kausalitäten freizulegen, die den religiös-sozialen Boden unter seinen Füßen schwanken ließen, und sie in Relation zu jener Denkbewegung zu setzen, die ihn bei der letzten Rückzugsbastion des eigenen Selbst ankommen ließ. Hatte ihn 1563 der frühe Tod La Boëties in eine Haltung des Verzichts auf eine Ethik des sozialharmonischen Miteinanders in Gesellschaft oder auch nur Ehe gedrängt, an die der Freund jedoch geglaubt hatte? Waren im seit 1548 aufgebrochenen Bürgerkrieg, der als Religionskrieg mindestens bis zur Belagerung von La Rochelle 1629 und der Aufhebung des Edikts von Nantes 1685 die französische Nation spalten und mit immer neuen Unmenschlichkeiten überziehen sollte, der Gott Roms wie der Genfs gleichermaßen bei den «aufgeklärten» Zeitgenossen so kompromittiert, daß bei den Rechtgläubigen auf beiden Seiten der rechte Glaube gerade im Exzeß seine Anziehungskraft verlor? Zog schließlich sogar der persönliche Um-

Das Blutgericht von Amboise, 15. März 1560

Das Blutbad von Vassy, 1. März 1562

stand, daß Montaigne 1562 bei Hofe nicht reüssiert hatte und auch 1569 nicht einen Ratssitz in der Grand Chambre erhalten konnte, da einer seiner Verwandten von seiten seiner Frau schon in dem Gremium vertreten war[122], die prinzipielle Ablehnung jeder politischen Abhängigkeit oder Aktivität nach sich? Und dies, obgleich die Günstlingsregime der letzten Valois-Könige allgemeine Ablehnung fanden und der Edelmann aus dem Périgord später sehr wohl die Ehre des Bürgermeisteramts von Bordeaux wie die königliche Achtung Heinrichs IV. zu schätzen wußte?

Unabhängig von den Impulsen seiner Zeit und ihnen noch in der Ablehnung eng verpflichtet, ging Michel de Montaigne den Weg von 1563 bis 1571 in die Einsamkeit des Wachtturms seines Schlosses und in seinen

Essais höchst eigenständig und literarisch einzelgängerisch einen Wegab-
schnitt weiter in Richtung auf die literarisch-philosophische Entwicklung
des autonomen Subjekts der Neuzeit. Faszinierend und nicht nur irritierend ist die Figur Montaignes in der Geschichte des Individualismus vor
allem deshalb, weil die philosophische Ausformung des Individuums
nicht abstrakt in philosophischer Systematik geschah und zugleich die
konkret-private Persönlichkeit zum philosophischen Programm wurde.
Selten hat ein Philosoph als Person (abgesehen von Sokrates, der konsequent zum großen Vorbild wird) sich mit seiner Philosophie so eng verbunden – nicht als ethische Norm, sondern als Fundament des Fakti-
schen. Und selten ist eine Philosophie so restlos in einer Person aufgegan-

gen, daß das Leben dieser Person zum einzigen philosophischen Programm wurde.

Diese Annäherung, ja Vereinigung hat folgerichtig zu einer völlig neuen Form führen müssen, die den denkerischen Selbstklärungsprozeß zu einem literarischen Abenteuer und die freimütige Individualität zugleich im Experiment eines «offenen» Systems Realität werden ließen. Der Essay, den Montaigne als originäre Form der literarischen Selbstreflexion erfand[123], war ihm zugleich die einzig angemessene Methode, für seine Individualität die kongruente Form zu finden. So gelangen Ausdruckswille und Lebensprinzipien zu einer ästhetischen Einheit, die an die Einmaligkeit und Eigenheit der Person Michel de Montaignes gebunden bleibt. Diese Kongruenz von Individuum und Form schließt nicht aus, sondern setzt voraus, daß ihr Erfinder sie zunächst und wohl nicht nur in eitler Scheinabwertung als primär defizitär, als Resultat der persönlichen Verlegenheit gegenüber traditionellen Formen verstand. Auch hier gebiert das Ungenügen am bestehenden Formenkatalog in einem *wüsten und ausschweifenden Vorhaben*[124] das radikal neue literarische Genre. Um dessen Einmaligkeit wußte sein Autor ebenso – *das einzige Buch in der Welt von seiner Art*[125] – wie um die Entstehung seiner Form aus der Formlosigkeit, die eine unbegrenzte Formfreiheit darstellt: *Denn einem so eitlen und wertlosen Gegenstand hätte der beste Meister der Welt keine Form zu geben vermocht, die es des Aufhebens wert machte.*[126] Schließlich verweist die offene Form des Essays auf die offene Form der Existenz Montaignes zurück, der seinem Leben nicht eine geschlossene Ordnung gegeben hat, sondern bis zuletzt darauf bestand, *keine Lebensart* zu haben, *die nicht mit den Lebensumständen geschwankt hätte.*[127]

Die Einmaligkeit des Individuums Montaigne gestaltete sich zunächst aus dem unaustauschbaren Lebensweg seiner Person, die sich ins Private zurückzog. Es war ein Prozeß, der in Etappen sich vollzog, zu denen auch der Tod des vielgeliebten Vaters im Jahre 1568 zählte. Ausdrücklich auf dessen Wunsch hatte Montaigne sich mit der Übersetzung der «Theologia naturalis» des katalanischen Theologen Raimundus Sebundus (1432 als Professor für Medizin und Theologie in Toulouse gestorben) erstmals dem literarischen Schreiben zugewandt.[128] Das Resultat erschien 1569 auf dem Buchmarkt. Später sollte er ihm im Titel seines umfangreichsten Essays *Apologie des Raimund Sebundus* noch seine Reverenz erweisen, auch wenn er dort den natürlichen Vernunftgründen des Sebundus zur Annäherung an Gott eine radikal andere und brüsk ablehnende Interpretation des strengen Fideismus entgegensetzt. Gleichsam parallel zur publizistischen Ablieferung des geistigen Testaments, das ihm der Vater aufgetragen hatte, übernahm er laut dessen juristischem Testament als ältester Sohn das Schloß Montaigne zu Eigentum, was seine finanzielle

Unabhängigkeit erhöhte. Sodann war 1570 das Amt des Parlamentsrats von Bordeaux an Florimond de Raemond verkauft worden. Auch lag bald die Reise nach Paris im Jahre 1571 hinter ihm, um die Nachlaßschriften des Freundes La Boëtie (Übersetzung des Xenophon sowie eigene lateinische und französische Gedichte) zu veröffentlichen. Doch erforderte der Rückzug auf die eigene Person keine geringe Kraftanstrengung, denn mit der Isolierung des Körpers im Turm von Montaigne war es nicht getan: *Deshalb ist es nicht genug, sich von der großen Herde abgesondert zu haben; es ist nicht genug, den Ort zu wechseln, man muß sich von den Herdentrieben befreien, die in uns selbst sind: man muß sich losreißen und zu sich selbst zurückführen.*[129] Zunächst war die Abkehr von den öffentlichen wie privaten Pflichten und Verlockungen als mühsamer Prozeß zu vollziehen, noch bevor die Ankunft beim autonomen Subjekt als gelungener Vollzug gefeiert werden konnte. *Es ist kein leichtes Unterfangen, sich mit Sicherheit von der Welt zurückzuziehen: es beansprucht uns vollauf, ohne daß wir noch andere Unternehmungen hinzumengen... Man muß diese starken Bande lösen und noch dies oder jenes gern haben, aber sich an nichts binden als an uns selbst... Das Größte in der Welt ist, sich selbst gehören zu können.*[130] Denn nicht nur der Körper ist zu isolieren, aus dem Geflecht der Welt zu lösen, in die Ruhe eines runden Turms zu versetzen. Auch der Geist muß sowohl bereit wie fähig sein, sich selbst zum ersten und letzten Ziel zu werden, ein langer, kontemplativer, Konzentration im Wortsinn erfordernder Prozeß. Montaigne hat sehr wohl die Dialektik von Körperruhe und Geistfreiheit erfahren, jene Absprungmechanik der Phantasie, die je weiter ausschweift, je enger ihr Träger sich auf einen begrenzten Raum zurückgezogen hat. Statt der angestrebten Ruhe und Rückbesinnung auf sich selbst sieht Montaigne seinen Geist *wie einen Hengst sich hundertmal mehr Plakkereien* machen, *als er je für andere auf sich nahm.*[131] Der Kraftakt vollzieht sich also phasenverschoben in zwei Etappen, was wohl auch den Beginn der Niederschrift der *Essais* zeitlich vom Eintreffen in der Turm-Einsamkeit abgerückt haben dürfte. Denn die Welt zu verlassen und die Welt zu vergessen[132], war auch für Montaigne zweierlei. Beides mußte zusammenkommen, der lokale Rückzug und die psychische Entrückung, um in doppelter Bedeutung ein *Hinterstübchen* sich *auszusparen, ganz für uns selber, ganz ungestört, in dem wir unsere wahre Freistatt und unsere hauptsächliche Zuflucht und Abgeschiedenheit errichten*[133]. Doch diese persönliche und politische Abkapselung fiel keineswegs total aus, es kam zu *verschiedenen Unterbrüchen und Zwischenräumen*[134]. Folgerichtig ist das *Flickwerk*[135] der *Essais* in der ganz unmittelbaren Bedeutung so von ihm bezeichnet worden, weil es in verschiedenen Etappen entstand, da immer wieder Abwesenheiten von *mehreren Monaten*[136] eine Unterbrechung des Schreibens wie seiner Bedingung, der Turmeinsamkeit, bewirkten.

Gaspard de Coligny. Gemälde, François Clouet zugeschrieben

Denn im Jahre 1571, in dem er sich aus der Welt auf sein Schloß und aus dem Schloß in dessen äußeren Mauerturm zurückzog, erreichte ihn Weltliches in Form der Ernennung zum Ritter des Ordens vom Heiligen Michael sowie die Berufung durch Karl IX. zum königlichen Kammerherrn – und nicht zuletzt Privates in der Geburt seiner Tochter Léonore, der einzigen überlebenden seiner sechs Töchter. Er begann die Niederschrift der *Essais* mitten im Bürgerkrieg und schrieb den größten Teil des ersten Buches in den Jahren 1572/73, gerade zu der Zeit, als mit der Bartholomäusnacht am 24. August 1572 die beiden religiösen Absolutionsansprüche in eine mörderische Konfrontation gerieten. In ihr erwies sich der ihn auszeichnende König als ein die monarchistische Treue leichthin verspielender Schwächling und seine Mutter Katharina von Medici als die perfekte Sachwalterin der Macht bis zum Massenmord – ganz in der Nachfolge ihres Florentiner Landsmanns Machiavelli, zu dem Montaigne auf

Distanz geht.[137] Es war deshalb auch eine politisch und religionspolitisch nicht ungünstige Position des Abstandhaltens, die mit dem privatphilosophischen Rückzug Montaignes einherging. Folgerichtig schloß er sich keiner konfessionellen Fraktion in dem Sinne an, daß er für sie öffentliche Partei ergriff. Sein Haus hielt er für Freunde wie Gegner offen, eine gleichsam offensive Pazifizierungstaktik, deren Erfolgs er sich rühmt, ohne ihr zufälliges Gelingen zu vergessen.

Doch im Vordergrund stand das Erschrecken, ja Entsetzen darüber, zu welchen Unmenschlichkeiten der Mensch im Bürgerkrieg sich nicht nur fähig, sondern freudig bereit zeigte. Montaigne rechnete seine Zeit zu den düsteren Epochen der Menschheitsgeschichte: *Ich lebe in einer Zeit, in der wir durch die Zuchtlosigkeit unserer Bürgerkriege an unglaublichen Beispielen die Fülle haben, und man findet in der alten Geschichte keine ungeheuerlicheren, als wir sie täglich vor Augen sehen. Aber das hat mich keineswegs dagegen abgestumpft. Ich hätte es kaum geglaubt, ehe ich es gesehen hatte, daß es so scheusälige Seelen geben könne, die um reiner Mordlust willen Mord begehen: andere Menschen zerhacken und ihnen die*

Die Bartholomäusnacht

Heinrich III. Kupferstich von Jean Decourt

Glieder abhauen; ihren Geist anspannen, um unbekannte Foltern und neue Todesarten zu erfinden, ohne Feindschaft, ohne Vorteil, ohne anderes Ziel, als sich am ergötzlichen Schauspiel der erbärmlichen Gebärden und Zuckungen, des kläglichen Ächzens und Wimmerns eines qualvoll mit dem Tode ringenden Menschen zu weiden. Denn dies ist der äußerste Grad, den die Grausamkeit erreichen kann.[138]

Auch Montaigne vermochte nicht das chaotische Treiben der religiösen Bürgerkriege in der Distanz seiner entrückten Turmperspektive zu halten. Denn als nach der Bartholomäusnacht Unruhen im ganzen Land ausbrachen, geriet auch er in den Sog des Kriegs. In der Dauphiné, im Poitou, in der Auvergne und vor allem im Süden, wo Heinrich von Navarra von seinen Stammlanden aus zu immer neuen Kämpfen gegen die katholische Zentralgewalt aufbrach, herrschten die Hugenotten. Sie drohten, trotz unzähliger Niederlagen ihren Einfluß auszuweiten, so daß von 1572 bis 1574 drei königliche Armeen gegen sie in Marsch gesetzt wurden. Die ins Poitou entsandte wurde vom Herzog von Montpensier befehligt, dem sich Montaigne mit weiteren Adeligen aus Guyenne anschloß. Als jedoch die hugenottische Armee unter La Noue die Schlacht verweigerte, kam auch Montaigne nicht zum Einsatz in einer militärischen Auseinandersetzung. Doch sandte Montpensier den ehemaligen Parlamentsrat als königlichen Boten nach Bordeaux, um dort Vorsorge gegen einen Angriff der Hugenotten zu treffen.[139] Montaigne erhielt am 11. Mai 1574 Redefreiheit im Rat seiner alten Parlamentskollegen, legte die politische Lage ausführlich dar und konnte eine Verstärkung der Besatzungen von Trompette, dem Bordeaux beherrschenden Schloß, erreichen. Er bewirkte dadurch indirekt, daß beim Tod Karls IX. (30. Mai) die Stadt ruhig blieb, obgleich der Thronfolger Heinrich III. noch fern in seinem Wahlkönigreich Polen residierte. Wie wenig diese Loyalität gegenüber dem König dem Edelmann aus dem Périgord von den Hugenotten übel vermerkt wurde, verrät die Tatsache, daß 1576 nicht nur Heinrich III., sondern auch Heinrich von Navarra ihn zum Kammerherrn ernannten.

Dennoch werden die nahen Kriegsunruhen und schnellen Machtwechsel den Prozeß der Rückführung der eigenen Individualität auf das letzte Fundament ihrer Selbstversicherung eher beschleunigt als verzögert ha-

Folter und Hinrichtung. Kupferstich von 1589

ben. Auch im eigenen Wesen Montaignes wiederholt sich das Wechsel-spiel der gegensätzlichen Eindrücke, so daß die Erkundung des eigenen Selbst zu einem so unsicheren wie endlosen Prozeß mit offenem Ausgang wird. Die Sicherheit des Erkennens bleibt auf den winzigen Augenblick begrenzt, der Erkennende selbst verändert sich im nächsten Augenblick und somit auch die voraufgegangene Erkenntnis, die Wahrheit wird zum Wechselbalg: *Mich treibt nicht nur der Wind der Zufälle nach seiner Rich-tung, sondern überdies schwanke ich und verwirre mich selber, weil ich so unsicher auf meinen Füßen stehe; und wer sich nur recht beobachtet, wird sich kaum zweimal in der gleichen Verfassung finden... Wenn ich auf un-gleiche Weise von mir rede, so geschieht es, weil ich mich auf ungleiche Weise betrachte. Alle Widersprüche finden sich in mir, je nach Gesichtswin-kel und Umständen.*[140]

Dem Erstaunen darüber, auch und gerade als in Freiheit und Unabhän-gigkeit auf sich selbst zurückgezogene Person nicht zu einer stabilen Per-spektive und zu gesicherten Erkenntnissen zu gelangen, folgt die realisti-sche Konsequenz, im permanenten Wechsel das Ordnungsprinzip schlechthin zu entdecken. Mit dem Verzicht auf jede Ordnung werden auch Anfang und Ende eines Textes der Willkür ihrer Austauschbarkeit ausgesetzt, so daß sein Schreiben von dem *ersten besten Stoff, den der Zufall mir zuwirft*[141], oder *von einer Fliege*, denn *jeder Stoff ist mir gleich ergiebig*[142], in Gang gebracht wird. Das Schreiben kann an jeder belie-gen Stelle auch wieder zum Stillstand kommen, was schon rein äußerlich in der unterschiedlichen Länge der *Essais* zum Ausdruck kommt. Und was für den einzelnen Essay gilt, gilt nicht weniger für den dritten Teil der *Essais*. Er wird 1588 höchst partikelhaft – *Anhängsel* – einem partikelhaf-ten Kunstprodukt angefügt, *meinem Mosaik*[143]. Dieses Ordnungsprinzip schließt sein Gegenteil der Unordnung ein. Nur in der eigenen Unbestän-digkeit findet das Individuum Bestand, das Ende aller wechselnden Er-kenntnis ist ihre endlose Fortsetzung. Damit entschlüsselt Montaigne zu-gleich sein privates Temperament wie sein literarisch-philosophisches Prinzip: *Ich will hier weiter nichts als mich selbst entdecken, wie ich bin, und bin vielleicht morgen schon ein anderer, wenn eine neue Erkenntnis mich verändert.*[144]

Auch die Frage, nach welcher Gesetzlichkeit die permanente Verände-rung des Erkennens und der Erkenntnis abläuft, stellt Michel de Mon-taigne ebenso logisch, wie er ihre logische Beantwortung ablehnt. Denn ließe sich die verborgene Struktur des Erkenntnisprozesses in diesem Menschen von diesem Menschen freilegen, gelangte er an das Ende einer geordnet-stabilen Weltsicht. Dessen Gegenteil aber findet er in sich selbst: *Ich habe keinen anderen Feldwebel, um meine Stücke in Reih und Glied zu stellen, als den Zufall. So wie meine Einfälle sich einfinden, so staple ich sie auf; zuweilen drängen sie sich zu Haufen, zuweilen schleichen sie im Gänsemarsch daher. Ich will, daß man meinen natürlichen Gang sehe, so stolpernd er auch ist.*[145] Der Augenblick des Einfalls soll auch der Augenblick der Eintragung sein, um die Subjektivität in der Einmaligkeit inhaltlich unverändert und formal unverstellt zu dokumentieren. Der Authentizität des Stoffs wird jede Ausdrucksambition geopfert. Es sei denn, der spontane Geist schafft sich in kreatürlich-direktem Akt seine Kunstform: *Ich rede mit dem Papier wie mit dem ersten besten, der mir über den Weg läuft.*[146]

Der Essay, der im Wortsinn stets der Versuch seiner selbst bleibt, entspringt also so abrupt und vollkommen aus dem Geist des Michel de Montaigne wie Pallas Athene aus dem Haupt des Zeus, selbst wenn sein Autor spätere Zusätze in Neuausgaben einfügt, deren Fixierung jedoch ebenso spontan an den jeweiligen Augenblick gebunden bleibt. Die Freiheit, das Thema Tod von einem Satz zum andern mit dem der Streitsüchtigkeit der Frauen zu vertauschen, die Erziehungsprinzipien eines jungen Adeligen mit klassischen Zitaten ebenso zu unterbrechen wie mit den privaten Klagen über die schmerzhaften Nierensteine, die bittere Darstellung der Greuel des Bürgerkriegs überleitungslos mit Details der peniblen Körperpflege zu verbinden – diese Freiheit ist grenzenlos. Sie ist einzig abhängig von dem *quecksilbrigen Geist*[147], der sich so chaotisch wie konsequent seine Form im Essay schafft. Die literarisch offene Form der Essays ist zugleich unmittelbarer Ausdruck der individuellen Schreibmethode, nach der er seine *Essais* verfaßt. Diese ist als Schreibvorgang dem wechselvollen Einfallsreichtum der freien Rede verpflichtet, da sie vor allem seinen Geist vorantreibt: *Meine Rede ist mehr wert als meine Schreibe.*[148]

Zur offenen Form zählt nicht zuletzt die Offenheit der Mitteilung ihrer Entstehung. Radikal verfolgt dieser Autor das Prinzip der Offenlegung seiner Person bis zur offenen Darstellung der literarischen Offenlegung, ohne daß ein kokettes Versteckspiel der nur scheinbaren Selbstentblößung stattfindet. Er, dessen *Urteil schaukelt* und *schwankt*[149], schreibt nicht in strenger Disziplin von Tag und Stunde, sondern wendet sich seinem *Flickwerk* nur zu, wenn *eine allzu geschäftslose Muße* ihn *langweilt.*[150] Aber das Schreiben, mag es monatelange Unterbrechungen erfahren, findet nur *zu Hause*[151], eben im Turm statt. So wie der Schreibrhythmus in seinem zeitlichen Ablauf keiner Kontinuität unterworfen ist, so folgt der Denkrhythmus beim Schreibprozeß keiner thematischen Ordnung, die auch nicht nachträglich durch Korrektur und Systematik hergestellt wird. Unverstellt ist nicht nur die Person des Autors, sondern auch der Autor als Person. Er will nicht Resultate, sondern den Prozeß ihrer Entstehung, also selbst noch den fließenden Prozeß des literarischen Werdens im Endresultat des fixierten Textes dokumentieren: *Ich will die*

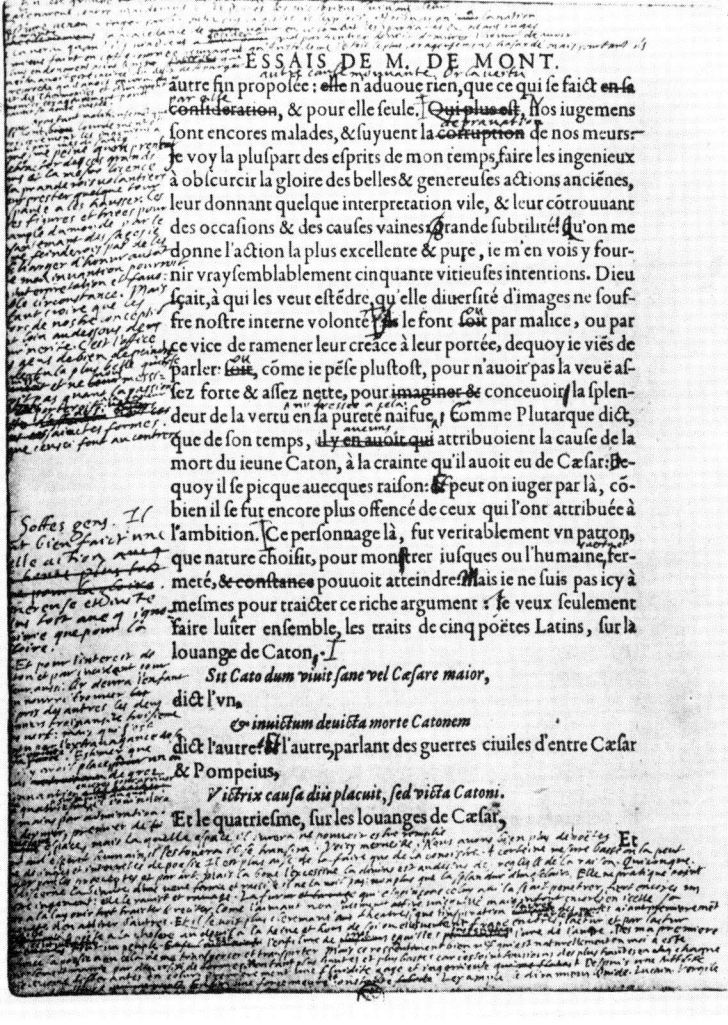

Montaignes Handexemplar der «Essais» mit handschriftlichen Zusätzen

Vorgänge meines Denkens darstellen, und will, daß man jedes Stück sehe, wie es zur Welt kommt.[152]

Ein Schreiben, das so unmittelbar dem spontanen Entstehungsprozeß auf der Spur bleiben will, wird bei einem Autor, der seine Lebensaufzeichnungen dem *achtlosen Dahinschlendern*[153] verdankt, folgerichtig in *die hüpfende, springende Gangart der Poesie*[154] verfallen, zu der sich Montaigne leidenschaftlich bekennt. Im Schreiben besteht der frei sich in *Sprunghaftigkeiten*[155] bewegende Geist auch auf der Freiheit als geistiger Unabhängigkeit von anderen Geistern, wie sie Montaigne im Turm als *Erinnerung und Gesellschaft der Bücher* nahe sind, *damit sie mir meine Form nicht stören.*[156] Zitate seiner Lieblingsautoren von Platon über Plutarch, dessen von Jacques Amyot gerade neu übersetzten Werke ihm selbst erst den Mut zum Schreiben gegeben haben[157] und den er in unbegrenzter Verehrung zu *meinem Mann in jedem Betracht*[158] erklärt, bis Empiricus fließen überreichlich ein. Sie sind jedoch nur herbeigerufene Kronzeugen der eigenen Einfälle und werden nicht selten im eigenen Sinn mißverstanden oder auch umgeformt. Der gezielten Transformationstechnik ist sich Montaigne als Kunstprinzip der geistigen Aneignung bis zu dem Grade bewußt, daß erst das «Mißverstehen» die eigene Kreativität in Gang setzt, um nicht eine leere Reproduktion zu vollziehen, sondern ein höchst individuelles Produkt zu erzeugen. Dafür zieht er eine sehr kreatürliche Metapher aus der Natur heran: *Die Bienen naschen von den Blumen da und dort, aber nachher machen sie daraus den Honig, der ganz ihr eigen ist.*[159]

Nur dort, auf Schloß Montaigne, zumal in einer *bäurischen Gegend*[160], sieht Montaigne sein Schreiben ausreichend unbeeinflußt, um den *Hauptzweck und die Vollkommenheit* seines Werkes zu erreichen, *nur mein eigenes zu sein.*[161] Es ist höchst absichtsvoll *ein Gascogner Gewächs*[162]. Weder scheut sein Autor Formulierungen, die auf den *Gassen Frankreichs*[163] zu hören sind, noch stört es ihn, selbst als Ergebnis *die Exkremente eines gealterten Geistes, bald verstopft, bald schlaff, immer unverdaulich*[164], zur Kenntnis zu nehmen. Der Essay mag sich in den folgenden Jahrhunderten zur kategorialen Unverbindlichkeit in seiner Form wandeln, bis er einzig dem eigensten Formwillen seines jeweiligen Autors verpflichtet ist – von Francis Bacon systematischen Induktionsresultaten – er übernimmt bereits 1597 den Titel in seinen «Essays» – bis zu Walter Benjamins gesellschaftsanalytischer Reflexionsprosa. Der Erfinder des Essays dagegen hat nur und nichts anderes als sich selbst zum Ausdruck bringen wollen, den seinen Beischlaf nur vor dem Einschlafen und niemals stehend verrichtenden Mann[165], den auf seine kriegslüsterne Zeit zornigen Bürgermeister von Bordeaux und den auf seinen Wahlspruch *Que sais-je?* (Was weiß ich wirklich?) stolzen Diagnostiker seiner eigenen Chamäleon-Natur. Diesem Spruch übrigens gab er 1576 sogar auf einer Schaumünze zusammen mit dem Symbol einer Waage Ausdruck. Alles dies, die Person Michel de Montaignes einschließlich des Autors, der in jedem Augenblick des Schreibens sich selbst im Blick hat und sich selbst im Wechselspiel seiner gegensätzlichen Eindrücke und Meinungen genau beobachtet, sollte und konnte der Essay fassen: *Jedermann erkennt mich in meinem Buch, und mein Buch in mir.*[166] Mag es auch für Montaigne letzte Reste der intimen Zurückhaltung geben, so daß er die Wahrheit *zwar nicht gerade mit Stumpf und Stiel* sagt, aber doch *so weit, als ich sie zu sagen wage*[167] und übrigens mit zunehmendem Alter zunehmend freimütiger, sicher ist, daß alles, was er niederschreibt, keinen anderen Gegenstand hat als ihn selbst: *Wir hier gehen einhellig und im gleichen Schritt, mein Buch und ich.*[168]

Ein Weltbild, das die Preisgabe eines geordnet-sicheren Weltbildes zum Prinzip erhoben hat (*Die Welt ist nichts als eine nimmer ruhende Schaukel*[169]), muß sich auflösen in eine endlose Zahl von Perspektiven, die die Welt als Ganzes nicht mehr zur Einheit bringen: *Ich habe von mir selbst nichts Ganzes, Einheitliches und Festes, ohne Verworrenheit und in einem Gusse auszusagen. Distinguo ist das erste und letzte Wort meiner Logik.*[170] Folgerichtig finden die *Essais* nicht zur Ordnung eines geschlossenen Systems, die einzelnen Kapitel nicht zur sachlich-stetigen Abhandlung des Titelthemas, die einzelnen Einfälle nicht zu ihrer analytischen Entfaltung, die Wörter nicht zur stilistischen Ordnung zwischen den Extremen von pedantischem Zitat und lyrisch-rhythmischer Rhetorik. Montaigne gesteht sich ein: *Ich zeige nicht das Sein, ich zeige den Übergang.*[171] Ein Denken und Beschreiben, das nicht auf den festen Gegenstand, sondern auf dessen Grenzwert des permanenten Übergangs ausgerichtet ist, gerät seinerseits in eine Endlos-Bewegung: *Ich kann meinen Gegenstand nicht festhalten. Er geht taumelnd und wankend in natürlicher Trunkenheit einher. Ich ergreife ihn in diesem Zustand, wie er ist, in dem Augenblick, in dem ich mich mit ihm beschäftige... Ich könnte alsbald ein anderer werden, nicht nur äußerlich, sondern auch anderen Sinnes.*[172]

Ist eine solche Taumelbewegung des Geistes, der sich dem Zufall der wechselnden Einfälle ausliefert, nun für ihren Vollstrecker selbst ein Ärgernis, eine Nachlässigkeit und überhaupt eine geistig akzeptable Haltung? Noch in der Bewertung der endlos widersprüchlichen Perspektive des Individuums hält Montaigne an dem Prinzip Widerspruch fest – gleichsam als gelte die immanente Wechselhaftigkeit seines Denkens auch für die Beurteilung dieses Denkens selbst. Einerseits versinkt er in eine tiefe und keineswegs eitel-devote Abwertung der Selbsterkennung, die scheinbar das eigene Erkenntnisprinzip in Frage stellt: *Ich stehe auf so unsicheren und schwankenden Füßen, ich bin so leicht zum Stolpern und zum Straucheln zu bringen und ich finde mein Auge so blödgesichtig, daß ich mich nüchtern als einen anderen Menschen empfinde denn nach der Mahlzeit.*[173] Andererseits feiert er in stolzer Selbsterhöhung seine geistig-literarische Tätigkeit einschließlich ihrer Turbulenzen als höhere Form der Existenz: *O Gott, wieviel Schönheit ist doch in diesen frischen Seiten-*

Vierteilen. Radierung von Franz Hogenberg nach Tortorel und Perissin

sprüngen und Wechseln, und am meisten da, wo sie nach Lässigkeit und Zufall aussehen![174] Zwischen *Blödgesichtigkeit* und *wieviel Schönheit* – kann in dieser Spannung der Extreme das Individuum zur programmatisch geforderten Ruhe, Selbstgewißheit, letzten emotionalen Fluchtburg in der steinernen Fluchtburg des Mauerturms von Montaignes finden?

Nur in dieser Aporie des nie zur Ruhe kommenden Geistes, der nicht zuletzt in den *Essais* zum nationalfranzösischen Idol des Esprit wird, vermochte sich die Geistesaristokratie Michel de Montaignes zu entfalten. Er knüpft dabei schon an eine Eigenart des Nationalcharakters an: *... ein wenig von jedem und im Ganzen nichts, nach französischer Art.*[175] Von dem theologisch-dogmatischen Fundament des katholischen Glaubens, dessen endgültige Wahrheit das Konzil von Trient eben erst neu fixiert und verbindlich gemacht hatte, hatte sich der Edelmann der Spätrenaissance bereits unauffällig entfernt. So lauschte er zwar noch durch einen Schalltrichter dem Gottesdienst im Parterre seines Turms – eben nicht mehr körperlich stillgestellt an der Zeremonie teilnehmend –, gab dagegen im obersten Stockwerk im Auf- und Abgehen der Unruhe seiner Einfälle nach: *Meine Gedanken schlafen ein, wenn ich sitze.*[176]

Die Systematik eines Gelehrten, der wie Jean Bodin in «De la République» den Staat als geschlossen-gelungene Ordnung entwarf, lag dem aus Italien importierten Ideal des Hofmanns fern. Zwar wußte Montaigne sich den Zitatenschatz der Antike aus den «Adagia» des Erasmus zu beschaffen und kannte auch aus Plutarchs «Moralia» und «Großen Griechen und Römern» die Exempel für Tapferkeit und Untreue, Opfertod und Verweichlichung, aber er lieferte sich selbst nicht dem Staub der Bücher, der strengen Sitzarbeit, der akademischen Ausdauer aus. Denn gerade diese Tätigkeit, seinerzeit von wenigen ausgeübt, *welche die Natur zu edleren als erwerbsmäßigen Diensten geboren werden ließ*, blieb vor allem *nur für Leute von niedrigem Stande übrig, die darin ihren Broterwerb suchen.*[177]

Montaigne, dessen junger Adel der erst vierten Generation ihn die normierten Standestugenden besonders exakt beachten ließ, hielt – wie René Descartes ein halbes Jahrhundert später – Gelehrsamkeit und gar Druckenlassen für eine eher unaristokratische Tätigkeit. Abgesehen von der immanenten Schwierigkeit, für den philosophisch-literarischen Monolog einen Adressaten zu finden, konnte deshalb als adelsprotokollarisch korrekter Adressat der *Essais* nur König Heinrich III. in Frage kommen oder allenfalls noch der Papst Gregor XIII. als höchster Exponent des kirchlichen Adels. Dem König überreichte der Autor das Werk nicht zufällig im Jahre 1580 persönlich in Paris. Bei seinem Aufenthalt in Rom ließ Montaigne es an der Übergabe eines Exemplars im Vatikan nicht fehlen und drang auf geistige Kenntnisnahme, selbst wenn er die Korrekturvorschläge der Kurie nicht akzeptierte.

Ein französischer Edelmann des späten 16. Jahrhunderts mit gut entwickeltem Standesbewußtsein schrieb, wenn überhaupt, nicht, um der Theologie erbaulich-vertiefende Traktate zu liefern, nicht, um in solider Systematik eine Naturwissenschaft forschend voranzubringen – dies taten allenfalls Theologen wie wenig später Marin Mersenne –, und auch nicht, um wie noch Erasmus von Rotterdam das Büchermachen zum Broterwerb zu mißbrauchen. Dieser Aristokrat blickte auf den mörderischen Kampf der Konfessionen in seinem ausblutenden Land mit der klugen Trauer, daß die Religion nur noch in ihrem Widerstreit lebte und zwei Wahrheiten gleichzeitig in theologischer und zunehmend politischer Gültigkeit standen. Er erfuhr am fernen Himmel, daß die Astronomie mühsam von Ptolemäus über Kopernikus zu Galilei unterwegs war, wie am eigenen Körper, daß die Medizin sich von Galenus über Paracelsus bis zu Harvey vorwärtskämpfte, ohne daß sie in ihren Widersprüchen den Nie-

Erasmus von Rotterdam. Gemälde von Hans Holbein d. J.

rensteinen des Bäderreisenden Montaigne in Plombières, Baden, Abano oder Lucca abhelfen konnte. Dem Widerstreit in den Wissenschaften entsprach im politisch-militärischen Kräftespiel der schnelle Wechsel von Sieg und Niederlage in den Kriegen Karls V. und Franz' I., die kurzlebige Gunst am Hofe von Heinrich II. bis Heinrich III. und nicht zuletzt die willfährige Käuflichkeit von üppigen Lehen sowie wohldotierten Ämtern. Damit wurde auch die Rechtsprechung zum Spielball von politischer Beeinflussung und finanzieller Bestechung, was die Amtsmüdigkeit Montaignes in Bordeaux gefördert haben dürfte. Warum also sollte ein Aristokrat nicht auf das totale Wechselspiel der Kräfte, das *Schwanken* seiner Welt, die Herrschaft des Widerspruchs in Staat und Kirche reagieren, wenn er nicht selbst zum Spielball werden wollte? Die Alternative lag offen: entweder sich von der Fortune, die am königlichen Hofe mit höchsten Staatsämtern und auch schmählicher Hinrichtung wartete, bis zur Selbstpreisgabe fortreißen zu lassen oder sich in der Distanz des Selbst zu retten. Den zweiten Weg wählte, nachdem ihm in jungen Jahren die Verlockung des ersten wohl nicht ganz fremd gewesen war, Michel de Montaigne.

Neue aristokratische Überlebenstugenden bildeten sich nun heraus. Zu ihnen gehörte, der Erkenntnis, sei sie theologisch, staatstheoretisch oder medizinisch, nur für einen Tag zu vertrauen und für den nächsten frei zu neuer Festlegung von ebenso kurzer Dauer zu sein. Zu ihnen gehörte auch, im Witz die Wahrheit von gestern nicht zu verleugnen, aber die heutige in ihrem Gegenteil zur gestrigen gelassen hinzunehmen und darin eine neue Souveränität zu finden. Die prinzipielle Beständigkeit wurde damit für banal, Parteinahme für naiv und Systematik für langweilig erklärt. Die Kunst des geistreichen Stils, wie er noch heute das gesellschaftliche Ideal in Frankreich prägt, ist nicht zuletzt die habituell gewordene Strategie der Aristokratie im Umbruch zur Neuzeit, als die alle Bereiche durchdringende Herrschaft von Wandel, Veränderung, Widerspruch das Stabilitätsdenken des Mittelalters zerstörte und die neuen Epochenfaktoren der stetigen Instabilität zu Eckwerten des Lebensprinzips wurden. Konsequent löste die Untreue die Treue, der Wechsel die Dauer, der Wahnwitz die Wahrheit ab: *Nur Narren sind frei von Ungewißheit und Schwanken.*[178]

Michel de Montaigne dachte und lebte die Prinzipien einer neuen Ethik der Selbstbehauptung angesichts des politisch-religiösen Chaos zu Ende. Darin liegt das offene Geheimnis seiner Faszination für die Franzosen, denen er zur zeitlosen Leitfigur geworden ist. Dem Opportunismus, heute (1580) Heinrich III. bis zur Belagerung von La Fère, wo es militärisch um die Niederwerfung der Hugenotten ging, nachzureisen und morgen (1587) Heinrich von Navarra, der soeben bei Coutras das königliche Heer bis zum Tod des Günstlings Joyeuse vernichtet hatte, auf Schloß Montaigne zu empfangen und beides gleichermaßen als Steigerung der Ehre des eigenen Hauses zu betreiben, kann nur das moralische Verdikt abgesprochen werden, wenn gerade die *gegensätzlichen Einfälle*[179] zur Tugend des stets wachsam-wechselfreudigen Edelmanns erhoben werden. Selbst noch im fernen Turm sind die Widersprüche, die bei Hofe offen ausbrechen, aber auch und gerade in der Einsamkeit zur Klarheit geführt werden müssen, in eine Weltsicht einzuordnen, die aus dem Widerspruch lebt und sich zugleich darüber zu behaupten weiß: *Sei es, daß ich selber anders geworden bin, sei es, daß ich die Dinge unter anderen Umständen und anderem Winkel betrachte. Indessen gilt, daß ich mir wohl mitunter widerspreche, der Wahrheit aber... widerspreche ich nicht.*[180]

Die neue Freiheit entdeckt nur das permanent sich verwandelnde wie eine sich verwandelnde Welt ertragende und mittragende Subjekt als den Garanten einer letzten Sicherheit. Diese wird allein souverän und aristokratisch gelebt, wenn das Individuum sich zu sich selbst bekennt. Um dieser selbstbehauptenden Sicherheit willen hat Michel de Montaigne sich selbst – von der politischen Klage über das Kriegschaos seiner Zeit bis zu den Wehklagen über sein spätes Steinleiden – zum ersten und letzten Thema seiner *Essais* erhoben: *Es gibt keine Darstellung, die der Darstellung seiner Selbst an Schwierigkeit gleichkommt, doch gewiß auch nicht an Wert.*[181]

Montaignes Ich, das sich in seiner privaten Souveränität aus der religiösen Abhängigkeit vom katholischen Dogma gelöst hat, ohne die Praxis der religiösen Doktrin preiszugeben, und noch nicht zur philosophischen Sicherheit des alles bezweifelnden Subjekts Descartes' gelangt ist, erkundet den höchsten Gegenstand seiner Aufmerksamkeit ohne Unterlaß: *Ich, der ich mich näher beobachte und mich nie aus den Augen lasse...*[182] Das Ich und die Freiheit, sich auf sich selbst in jedem Augenblick wie in die letzte uneinnehmbare Bastion zurückziehen zu können, geraten Michel de Montaigne fortan nicht aus dem Blick. Diese Bastion des Rückzugs in seine eigenste Person bis zu einem Grad erobert zu haben, daß der Rang der Einmaligkeit erreicht ist, ist Montaignes keineswegs bescheiden formulierter Stolz. Zum einen besteht er darauf, daß auch und gerade ein wie sein *niedriges und ruheloses Leben* beanspruchen kann, *das ganze Bild der Menschlichkeit*[183] in sich zu tragen. Zum andern behauptet er nicht ohne dreifache persönliche wie literarische Originalitätsgewißheit, daß er im eigenen Ich wie *nie ein Mensch* seinen Gegenstand gekannt habe, *niemals* ein anderer tiefer in ihn eindrang und *nie* einer so vollständig ans Ziel seiner Gegenstandserkundung wie er gelangt sei.[184]

Er ist damit ans Extrem der Subjektivität gelangt, ans Ziel, aber auch ans Ende, so daß ein Weitergehen in dieser Richtung nur Wiederholung, ein Verharren nur Stillstand bedeuten kann. Mit dem Erreichen dieses Pols ist also zugleich der Weg in eine andere Richtung frei. Damit gewinnt der einsam sich selbst erkundende Mann im Turm seiner Schloßmauer die Freiheit zur erneuten Begegnung mit der Welt zurück, nachdem und gerade weil er sie freiwillig hinter sich gelassen hat. Das Individuum, das den Rückzug zu sich selbst vollzogen hat und jederzeit ihn geistig neu vollziehen kann, ist frei für eine neue Weltentdeckung – allerdings nicht mehr für den Preis der Selbstaufgabe: *Die Einsamkeit des Orts läßt mich vielmehr, um die Wahrheit zu sagen, mich zerstreuen und in die Ferne schweifen... ich ergehe mich lieber in Staats- und Welthändeln, wenn ich allein bin. Am Königshof und im Gewimmel ziehe ich mich in mich ein und ducke mich in meine Haut; die Menge drängt mich auf mich selbst zurück, und nie unterhalte ich mich so närrisch, so ausgelassen und so für mich selber wie an Orten der Ehrfurcht und der feierlichen Gemessenheit.*[185]

Individuum und Welt kommen wieder ins Gleichgewicht der zweiten Dimension. Folgerichtig fließt viel Welthaltiges in die *Essais* ein, die zwar in der Einsamkeit entstehen, aber erst niedergeschrieben werden, nachdem Michel de Montaigne über die Anstrengung des Rückzugs auf das eigene Ich bereits zu der endgültigen Selbstgewißheit gelangt ist, die ihm die Rückkehr in die Welt öffnet. Es geschieht konsequent in einer Reise.

Rückkehr in die Welt:
Die Reise nach Rom

Die Anfälle packen mich so häufig, daß ich sozusagen keine völlige Gesundheit mehr kenne.[186] Nierensteine waren es, die seit 1577 Michel de Montaigne bis zu jener Schmerzgrenze leiden ließen, jenseits derer er um die stoische Kontrolle seines Geistes über den Körper fürchtete. Er war sich der direkten Erbschaft des Leidens von seinem Vater bewußt, bei dem die Krankheit erst im Alter von 67 Jahren zum Ausbruch gekommen war – dieser ertrug sie sieben Jahre und starb an einem besonders großen Stein höchst qualvoll. Der Sohn, von seinem Vater bei bester Gesundheit gezeugt, fragte sich später[187] nicht ohne Hochachtung vor den ihm verborgenen genealogischen Gesetzen der Natur, wie ausgerechnet ihn, als einziges der sieben Kinder, der Schicksalsschlag der Krankheit treffen konnte, die doch erst 44 Jahre[188] nach der Geburt bei ihm aufgetreten war. Sie wurde ihm zur Bedrohung und Herausforderung seiner Existenz. Sie konfrontierte nicht nur seinen Körper mit dessen Vernichtung im Tode, sondern auch seinen Geist mit der permanenten Gefahr seiner Demütigung durch den Schmerz, das heißt seiner Erniedrigung unter die Gesetze des Körpers.

Der schlimmsten aller Krankheiten... der heimtückischsten, schmerzhaftesten, tödlichsten und unheilbarsten[189] zu begegnen, war Michel de Montaigne bereit, dem körperlichen Schmerz die *ungeheißen ausgestoßenen Wehrufe*[190] zu gestatten, ja verkrampfte Gliedmaßen und unartikuliertes Stöhnen hinzunehmen, *wenn nur das Herz unerschrocken und die Worte unverzagt bleiben.*[191] Gegen die Widerstände einer widrigen Welt, die heimtückisch-zufällig als Steinleiden bis in den eigenen Körper vorgedrungen war, hatte sich die Souveränität des Individuums in letzter Instanz, als geistige Unabhängigkeit, zu behaupten. Sie könnte es um so leichter tun, je weniger die Seele den Schmerz fliehen würde: *Man muß ihm widerstehen und standhalten.*[192] Bedrohte jedoch der Schmerz den Geist bis zu dessen Verlust der souveränen Kontrolle des Körpers, war nach Plinius und Seneca, die Montaigne ebenso als Kronzeugen bemüht[193] wie Cicero[194], die Freiheit des Freitods gegeben, denn eine lange Störung der Seele war für die Stoiker mit der Existenz des Menschen nicht vereinbar. Schließlich blieb die Hoffnung der Selbsterlösung der Natur durch die immanente Milde der Selbstzerstörung des Schmerzes: *Wenn du ihn nicht besiegst, besiegt er dich.*[195]

Hilfestellung des Geistes gegen die Erniedrigungsversuche des Körpers wären zunächst ganz pragmatisch-unphilosophisch von der Medizin zu erwarten gewesen, wenn denn der Patient Montaigne nicht bei den Ärzten *das Glück weit besser als den Verstand*[196] am Werk sah. Sein Vorwurf traf die zeitgenössischen Mediziner, die erst mühsam ihre Wissenschaft aus der mittelalterlichen Quacksalberei zu lösen versuchten, nicht als Personen, *denn ich habe unter ihnen viele redliche und liebenswerte Männer gekannt*[197], sondern ihre Kunst, mit der sie *ihren Gewinn aus unserer Torheit*[198] ziehen. Doch so manchen Zeitgenossen haben sie, von denen niemals drei zu einer Meinung fänden, wie Montaigne an zahlreichen Exempeln belegt[199], höchst sinnlos unter die Erde gebracht, nicht zuletzt durch pseudowissenschaftliche Kulthandlungen, während deren Arzneien so wichtigtuerisch wie waghalsig gemischt wurden: *...für uns Steinkranke (so schmählich springen sie mit unserem Elend um) zerstoßenen Rattendreck und anderen dergleichen faulen Zauber, der mehr nach einer Hexenbeschwörung als nach einer ernsthaften Wissenschaft aussieht.*[200]

Vor dem Widerstreit der Mediziner und der willkürlichen Wirkung ihrer Arzneien blieb nur der *Ratschlag der Natur*[201], den Neigungen des Körpers und den Regeln des normalen Empfindens zu folgen. Zu diesen zählt aber, keineswegs begrenzt auf das Kurbad, nicht zuletzt das Baden im weitesten Sinne. Montaigne wußte es bei den von ihm verehrten Römern in täglichem Gebrauch – 5 Kilometer von seinem Schloß entfernt standen die römischen Thermen im späteren Moncaret, die jedoch zu seiner Zeit unter einer Benediktiner-Kirche verschwunden waren, jetzt aber (seit 1921) wieder freigelegt sind. Montaigne wünschte es für seine Zeit wieder in höherer Achtung zu sehen, wenn er nicht ohne Dringlichkeit forderte, *sich täglich den Körper zu waschen*, anstatt unsere *Glieder so mit Schmutz verkrusten und unsere Poren verstopfen zu lassen.*[202] Dem Wasser spricht er keinerlei Wunderkraft zu, doch die *heilsame* Wirkung, ganz allgemein den Menschen in seinem natürlichen Rhythmus zu fördern, und den Bädern, die er seit 1580 in großem Stil zu besuchen gedachte, den nicht geringen Nutzen, *daß sie die Eßlust wecken, die Verdauung fördern und einige neue Munterkeit geben*[203].

Gegen die Nierensteine als die *unheilbarste Krankheit* aber stellten die Heilbäder die einzige Chance der Linderung, Mäßigung, Verzögerung des Leidens dar. Michel de Montaigne beschloß, seine große Kavalierstour nicht zuletzt geographisch so ablaufen zu lassen, daß *alle berühmten Bäder der Christenheit*[204] auf seinem Weg lagen. Der

Bäderbesuch war eines, wenn auch wohl nicht das erste Motiv für seinen Aufbruch im Jahre 1580, nachdem ihm bei Kurzbesuchen die Bäder von Bagnières und Aigues-Caudes am Fuße der Pyrenäen sowie von Preissac bei Dax (Landes) und Barbotan (Gers) schon Linderung verschafft hatten.

Zur medizinischen Begründung der Reise kam bereits seit 1571 die religiöse. Das Überleben der Tochter Léonore als einzigem von bis 1580 fünf Kindern (übrigens insgesamt sechs Töchter, von denen fünf nur wenige Wochen lebten und die beiden jüngsten 1577 und 1583 geboren wurden)[205] hatte die Eltern das Gelübde tun lassen, der Mutter Gottes in Loreto für diese Gnade mit Gebet und Votivtafel vor Ort zu danken. Allerdings hielt Montaigne es unter Hinweis auf die Kinderlosigkeit des Thales wie dieser *für ein ebenso großes Glück, keine zu haben*[206], und sah in der Kinderlosigkeit zumindest keinen *Mangel, der das Leben unvollständiger und unbefriedigender mache*[207]. Nur rhetorisch fragt er bei sich zurück, ob nicht *ein vollkommen wohlgestaltetes Kind aus dem Schoß der Musen* einem ebenso vollkommenen Nachwuchs *aus dem Schoß meiner*

Im Heilbad. Gemälde von Hans Bock d. Ä., 1597

Ehefrau[208] vorzuziehen sei, womit er schon früh den *Essais* als geistigem Nachkommen den Vorzug vor seiner leiblichen Tochter gibt. Zumindest im Vergleich von Buch und Kind bekennt er sich uneingeschränkt zu seinem *Sohn* der *Essais*, dem er bei eventueller Häßlichkeit nicht seine väterliche *Zuneigung* vorzuenthalten vermag.[209] Das geistige Kind des Buches scheint ihm *eigentlicher* als das körperliche das seinige zu sein, da er *in dieser Empfängnis Vater und Mutter zugleich*[210] ist. Montaigne läßt es nicht an antiken Exempeln der geistigen Vaterliebe fehlen und verweist auf den Römer Labienus, der auf den Verbrennungstod seiner Bücher mit Selbstentleibung antwortete – als höchste Trauer um den physischen Tod der unphysischen Kinder.[211]

Loreto stand als Wallfahrtsort für allfällige Gelübde bei der gesamten Christenheit in höchstem Ansehen, so daß auch noch 1619 Descartes aus Dank für eine Traumvision eine Loreto-Reise gelobte und 1624 absolvierte – ebenfalls jedoch erweitert um das große Bildungserlebnis eines Rom-Aufenthalts. Rom aber hatte schon der Vater Montaignes auf dem zehnjährigen Kriegszug mit Franz I. seit 1519 gesehen, die italienische Sprache bis zu einem in ihr abgefaßten Tagebuch sich angeeignet und nicht zuletzt den neuen Kultur- und Ausbildungskodex nach Frankreich zurückgebracht. Baldassare Castiglione gewährte in seinem von 1508 bis 1518 entstandenen «Buch vom Hofmann», der das Adelsideal der Hochrenaissance bis in die feinsten Verhaltensmuster festlegte, dem französischen Hof zwar schon den Rang, «heute einer der vornehmsten der Christenheit»[212] zu sein, bedauerte jedoch zugleich die Rückständigkeit der Aristokratie des Landes in deren Vorurteil, «wie sehr sich die Franzosen in dem Gedanken täuschen, die Wissenschaften schadeten den Waffen»[213]. Auch der Schloßherr im Périgord kommt nicht an der primär martialischen Ausrichtung seiner Standesgenossen vorbei: *Die eigentliche, einzige und wesentliche Form des Adels in Frankreich ist der Kriegsdienst.*[214]

Diesem Schwertadel erst im vierten Generationsglied zugehörig, fühlte sich Michel de Montaigne jedoch den Waffen und dem Wissen gleichermaßen verpflichtet, wie er 1580 unmittelbar demonstrierte. Am 1. März veröffentlichte er die Erstausgabe der *Essais* (1. und 2. Buch) bei Simon Millanges in Bordeaux und brach am 22. Juni von Schloß Montaigne zur *großen Reise* auf, die über Deutschland, die Schweiz nach Italien führen und zwei Jahre dauern sollte. Er überreichte wenig später in Paris dem König Heinrich III. ein Exemplar der *Essais* (der Monarch zeigte sich gnädig) und stellte sich im August als waffenpflichtiger Edelmann bei der Belagerung von La Fère (sie begann am 7. Juli) ein, wo der katholische König seine hugenottischen Landeskinder zur alten und auch altgläubigen Untertänigkeit zurückzubringen beabsichtigte, was am 12. September mit

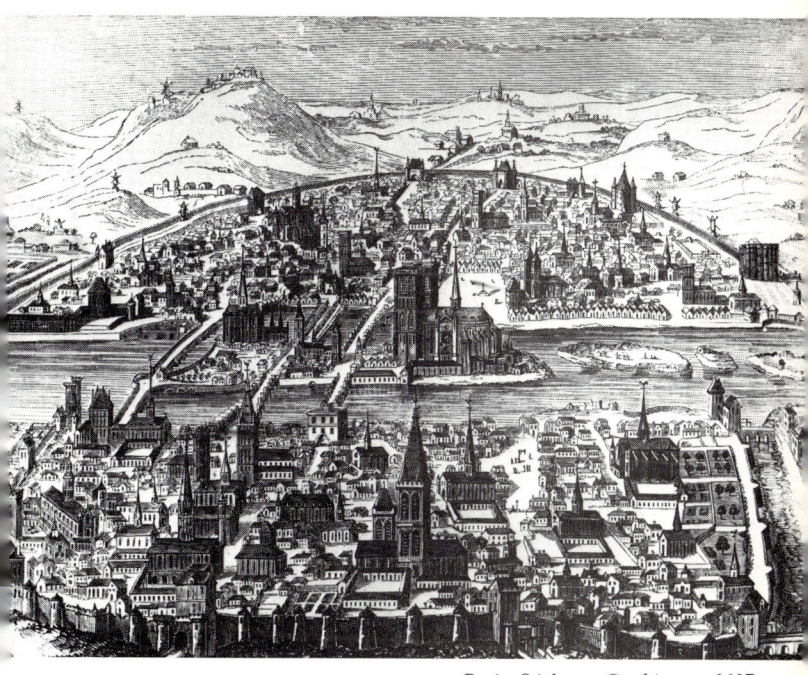

Paris. Stich von Gaultier um 1607

der Eroberung gelang. Am 2. August aber wurde vor La Fère der Graf von Gramont und Guiche durch eine Kugel getötet. Sein Landsmann und Freund Montaigne, der der Frau seines Freundes, der «großen Corisande d'Andouins», im 29. Kapitel des ersten Buches der *Essais* die Gedichte seines Freundes La Boétie gewidmet hatte, übernahm es, der Witwe den Leichnam nach Soissons zu bringen.[215]

Unbekannt ist, ob er zur Belagerung zurückkehrte, zumindest wartete er deren Ende nicht ab. Am 5. September fand sich die Reisegruppe vollständig in Beaumont-sur-Oise zusammen. Sie bestand aus fünf Herren samt einigen Dienern, doch war Michel de Montaigne der mit Abstand älteste Teilnehmer. Mit von der Partie waren: Montaignes jüngster Bruder Bertrand-Charles de Mattecoulon, der, 1560 geboren, bis nach Rom mitreiste, dort in fünf Monaten seine Fechtkunst verbessern sollte und nach einem Duell, das für zwei seiner Gegner tödlich verlief, erst mit Hilfe des französischen Gesandten in seine Heimat zurückkehren konnte; Herr von Cazalis, von dem nicht sicher ist, ob er jener Bernard de Cazalis war, der Montaignes jüngste Schwester ein Jahr vorher geheiratet hatte, denn dieser de Cazalis blieb unterwegs in Padua und begab sich dort als Student in Pension – zumindest dürfte er im Alter von Mattecoulon gewesen sein; Charles d'Estissac, der als Sohn von Madame d'Estissac – ihr hatte Montaigne das 8. Kapitel des 2. Buches der *Essais* mit dem Titel *Von der Liebe der Väter zu ihren Kindern* gewidmet und auf die *schönen Hoffnungen*[216] des Sohnes verwiesen – bei Hofe in hohem Ansehen stand, denn seine Mutter war die Geliebte Antons von Bourbon, des Königs von Navarra, wie Karls IX. und des späteren Heinrich III. gewesen[217], bevor sie Robert de Combault, einen Günstling Heinrichs III., heiratete – der junge Mann, ebenfalls nicht älter als zwanzig Jahre, hatte deshalb für seine Italien-Reise, auf der er sich im Waffenhandwerk ausbilden lassen sollte, Empfehlungsschreiben des Königs und der Königinmutter Katharina von Medici mit auf den Weg erhalten und wurde in Italien, wo er bis zur Abreise Montaignes aus Rom in seiner Gesellschaft blieb, wohl auch die Abstecher nach Loreto und Lucca mitmachte, besonders ehrenvoll empfangen, nicht zuletzt von Papst Gregor XIII., wo ihm Montaigne beim strengen Protokoll selbstverständlich den Vortritt ließ – er starb übrigens 1586 den seinerzeit nicht seltenen Duell-Tod; und der Herr von Hautoy, von dem nur bekannt ist, daß er mit Herrn von Estissac zu der Reisegesellschaft stieß.

Die genaue Personenzahl der Gruppe ist nicht bekannt. Doch hatte Montaigne einen Diener verpflichtet, dem er auch den ersten Teil des Tagebuchs diktierte. Herr von Estissac führte einen Diener, einen Maultiertreiber sowie zwei Lakaien mit sich. Hinzu kam noch Personal der übrigen Reisegefährten, dessen Zahl sich allenfalls indirekt dadurch errechnen läßt, daß d'Estissac *die Hälfte der ganzen Reisekosten trug*[218]. Trotzdem war es auch für Montaigne *eine sehr kostspielige Reise*, die jedoch den psychischen Befreiungseffekt bedeutete, ihn aus der Phase des Geldanhäufens zu entlassen und ihm zukünftig die Freiheit des gelassenen Geldausgebens zu gewähren.[219]

Montaignes Reisetagebuch, das von ihm selbst nicht zur Veröffentlichung bestimmt war, wurde 1769/70 von dem Kanonikus Prunis aus der Abtei Chancelade im Périgord in einem alten Kasten auf Schloß Montaigne gefunden. Er hatte kühn und richtig von den Reisebemerkungen im dritten Buch der *Essais* auf die Existenz eines Reisetagebuchs geschlossen. Es wurde erstmals 1774 von Meunier de Querlon, dem Bibliothekar des Königs, beim Buchhändler Le Jay in Paris unter dem Titel «Tagebuch einer Reise Michel de Montaignes durch Italien, die Schweiz und Deutschland in den Jahren 1580 und 1581…» veröffentlicht. Es erreicht in keiner Hinsicht den Rang der *Essais* und ist doch in übertriebener Abwertung – etwa von Stendhal[220] – zu Unrecht fast als literarischer

Fehltritt seines Autors betrachtet worden, während es von Goethe geschätzt wurde.[221]

Es ist jedoch ein typisches Dokument der Zeit, stellt seinen Autor als Privatperson ganz konkret in die alltäglichen Lebensumstände und bestätigt einige der ethischen Maximen Montaignes, wie er sie über das Reisen im dritten Buch der *Essais* aufgestellt hat, im Vollzug der Reise selbst. Der Verzicht auf jeden Kunstsinn, den sein Autor zu keinem Augenblick der Aufzeichnungen beansprucht, wird bestätigt durch die Gleichgültigkeit, die Montaigne dem Text bis zur Nichtüberarbeitung und Nichtveröffentlichung entgegenbrachte. Auch die Sprachbarriere bestätigt das, die das Manuskript – nach Diktat auf französisch bis in die Bäder von Lucca, sodann bis zum Ende der Reise auf italienisch, und das heißt im verringerten Wortschatz – zu einer Fremdsprachen-Etüde geraten ließ. Das Tagebuch dürfte für ihn von einigem Erinnerungswert über jene Zeit der vitalen Bewegung gewesen sein, in der er die beste *Schule für das Leben*[222] sah und zugleich eine diskrete Hommage an den Vater, hinter dessen aristokratischem Stil er weder im Reiseziel Italien noch in der italienischen Sprache des Reisetagebuchs zurückbleiben wollte.

Die jugendlichen Adligen, die dem Standard des weltläufigen Aristokraten durch die «große Tour» Genüge tun wollten, und der ältere Edelmann, der die Milderung seines Steinleidens mit einer späten und philosophisch stabilisierten Weltneugier zu verbinden suchte, reisten standesgemäß. Von Beaumont nördlich von Paris ging es nach Osten. Man ritt in legeren, maßvollen Etappen dennoch zielstrebig über Meaux, Cherly, Dormans, Épernay, Châlon-sur-Marne, Vitry-le-François, Bar-le-Duc, Vaucouleur, Domrémy. Neufchâteau, Mirecourt, Épinal nach Plombières-les-Bains, dem ersten größeren Zielpunkt, der von den Kurabsichten Montaignes bestimmt war. Das Bad dürfte dem Erlebnishunger der jungen Mitreisenden kaum entsprochen haben, weshalb der Aufenthalt vielleicht entgegen der Kurregel, «mindestens einen Monat» zu bleiben, auf neun Tage (18. bis 27. September) verkürzt wurde.

Unterwegs dorthin machte man wiederholt halt, um in Épernay nach der Messe mit den dortigen Jesuiten gelehrte Gespräche zu führen, in Domrémy das Geburtshaus von Jeanne d'Arc zu besichtigen, dessen Außenwände ganz mit dem optischen Bericht ihrer Taten bemalt waren – leider schon damals etwas vergilbt –, oder in der Nähe von Miremont die Nonnen von Poussay zu besuchen, die – Adel in der vierten Generation vorausgesetzt[223] – dort ein religiös-erzieherisches Leben führten, bis auf die Äbtissin jedoch nicht das Keuschheitsgelübde leisteten und ihren Klostersitz wie eine Pfründe wieder verkaufen konnten. Der ursprünglich geplante Umweg über Toul, Metz, Nancy, Joinville und Saint-Dizier wurde aufgegeben, weil Montaignes Kolik eine Zwangspause erfordert

Bad Plombières. Holzschnitt von 1553

hatte, und Épinal durfte man nicht betreten, da dort vor kurzem die Pest gewütet hatte. Toul, Metz und Verdun waren übrigens erst jüngst (1559 im Frieden von Château-Cambrésis) von Heinrich II. dem Deutschen Reich entrissen worden, ohne daß Karl V. sie vorher (1533) mit einem Heer von 60000 Soldaten hatte zurückerobern können, denn der Herzog François de Guise hatte sie grandios verteidigt. Aber mit Plombières war also die damalige Grenze zwischen Lothringen und Deutschland erreicht.

In Plombières, das schon von den Römern als Therme genutzt wurde und das noch heute ein in die Felsschlucht der Augronne geklemmter Kurort ist, der im 19. Jahrhundert mit Napoleon III. (er vereinbarte dort 1858 mit Cavour, daß Savoyen an Frankreich fallen sollte) eine erneute Blüte erlebte, herrschte schon damals ein lebhafter und deshalb streng geregelter Badebetrieb. Montaigne beschreibt hier wie an anderen berühmten Badeorten vor allem die sozialen und gesellschaftlichen Rituale. In Plombières ging der normale Kurgast zwei- bis dreimal täglich baden, er ließ sich schröpfen und purgieren, aber er trank die Quelle nicht, wie es Montaigne tat. Und zwar trank dieser nicht weniger als neun Gläser um sieben Uhr am Morgen. Auf Anstand wurde streng geachtet, Männer hatten im Bad eine Badehose zu tragen, die Frauen ein Hemd. Gotteslästerungen und Bemerkungen wider die katholische Kirche waren verboten, ganz zu schweigen von *unkeuschen* Reden[224]. Niemand durfte bewaffnet im Bad erscheinen, und Huren und unzüchtige Frauenzimmer[225] natürlich überhaupt nicht – zumindest nur bis auf 500 Meter Nähe, da sie sonst an allen vier Ecken der Bäder gestäupt worden wären.

Die Durchsetzung dieser Verbotsregeln war in der Hand der Deutschen geblieben, obgleich sie sonst alle Macht über Stadt und Region verloren hatten – außer die ihrer Sprache, die mit dem Französischen in gleichwertiger Geltung stand. Montaigne berichtet dieses wie auch, daß die Reisegruppe im «Engel», dem besten Wirtshaus am Platz, für nicht mehr als 15 Sous am Tag logierte, weitschweifig und wertungsfrei. Daß ihn am sechsten Tag heftige Koliken heimsuchten und sodann nach vier Stunden zwei kleine Steine abgingen, wird ebenso vermerkt, wie daß er nach Landessitte der Wirtin ein Holzschild mit seinem Wappen, das der örtliche Maler für einen Taler malte, zurückließ. Das war eine Sitte, die er wenig später auch in Augsburg beobachten wie beachten wird und die gleichermaßen für die Respektabilität eines Gasthauses wie für die Nobilität seiner Gäste durch sichtbaren Aushang an der Hausmauer sorgte, weshalb gerade Montaigne vor dieser Ausgabe keinen Augenblick zurückschreckte.

Sein Stand als Edelmann war ihm wichtiger als sein nationaler Standpunkt als Franzose, der mit Bekenntnisfreude zu sein er einzig als ein Verdienst von Paris wertete: *Ich bin Franzose nur dieser großen Stadt zuliebe*[226], in der er nicht weniger als den *Stolz Frankreichs und eine der*

¶ Herren zu mir zu großen Fest
Ich wil euch legen auff das best
Vnd auch herbergen über nacht
Die Strew den Pferdten ist gemacht
...

Gewürmet wol vnd recht gesalzen
Gekocht, frisch vnd wol geschmalzen
Gesotten, gespickt, eingepickelt
Gebachen, praten wol durchspicket
...

Von Wein vnd Bier vnd Muscateller
Von Maluasier vnd Romonicer
Die Pett sind auch bereyet zu
Dasman die nacht darinnen rhu
Vnd wer nicht essen wil das mal
...

Der Wirt. Holzschnitt von Erhart Schön

edelsten Zierden der Welt[227] sah. Doch jenseits dieser Verehrung der französischen Metropole, die gerade unter Heinrich III. eine stadtarchitektonische Glanzepoche (Leopold von Ranke: «Für die Hauptstadt hatte noch nie ein Fürst so viel getan wie Heinrich III.»[228]) wie eine Aufwertung als Regierungssitz erfuhr, war Montaigne nichts weniger als ein begeisterter oder gar seinem Geburtsort leidenschaftlich verbundener Franzose: *Der heimatliche Himmel ist mir nicht der blaueste.*[229] Da der einzelne *frei und ungebunden zur Welt gebracht*[230] wird, ist seine Seßhaftigkeit so wenig von Vorteil wie sein Nationalbekenntnis, weshalb der Mensch vor dem Staatsbürger rangiert: *Ich betrachte alle Mitmenschen als meine Mitbürger und umarme einen Polen so innig wie einen Franzosen.*[231]

Ein solcher kosmopolitischer Weitblick setzt geradezu eine prinzipielle Reisebereitschaft voraus wie auch eine vorurteilsfreie Aufmerksamkeit für das ganz andere Leben an ganz anderen Orten, so daß Montaigne unter anderen Motiven im Reisen *eine nützliche Betätigung* sieht, denn *die Seele ist dabei unaufhörlich geschäftig, neue und unbekannte Dinge zu bemerken.*[232] Reisen ist ihm ein idealer Rhythmus der kultivierten Mitte, denn *der Körper ist dabei weder müßig noch angestrengt*[233]. Auch das Ziel ist nahezu bedeutungslos gegenüber dem Weg, so daß Leben, Reisen, Denken und Schreiben gleichermaßen dem Gesetz der unbegrenzten Aufmerksamkeit auf den höchst begrenzten Augenblick unterworfen bleiben und die kleinste Lebenseinheit den größten Existenzwert darstellt: *Mein Reiseplan läßt sich beliebig teilen: er ist auf keine großen Hoffnungen gegründet; jeder Tag setzt ihm sein Ziel. Und mit der Reise meines Lebens halte ich es nicht anders.*[234] Nur folgerichtig, ohne daß Abneigung gegen die eigene Seßhaftigkeit ins Spiel kommen muß, die ja gerade in der Turmeinsamkeit auf Montaigne ihre eigene Konsequenz besaß, bereitet es ihm den *größten Verdruß... wieder heimzukehren*[235]

Entsprechend freudig muß sich der Aufbruch der Reise gestaltet haben. Da ihm das Reisen als die reinere, zumindest richtigere Form seines Lebens erscheint, wird ihm jede Reiseunterbrechung zur kleinen Metapher der großen Lebensunterbrechung, die sogar auf jeder Zwischenstation voraus- und auch schon «ausgelebt» wird: *Ich lange auf Reisen selten in einer Herberge an, ohne daß es mir durch den Kopf geht, ob ich darin behaglich krank werden und sterben könnte.*[236] Angst, in der Fremde einsam sterben zu müssen, kennt Montaigne, dem der fernste Ort ebenso nah für seine Aufmerksamkeit und Achtung ist, wie ihm der lange allzu nahe Geburtsort Montaigne gern für die zweijährig geplante Reise in die angenehmste Ferne gerückt ist, in keinem Augenblick. Auch für den letzten Augenblick bevorzugt er die geographische Ferne, das vitale Unterwegssein, den ehrlichen Abstand: *Ich stürbe lieber zu Pferd als in einem Bett, außer meinem Haus und fern von den Meinen.*[237]

Aber auf der kombinierten Kur- und Kulturreise von 1580/81 war er so weit auf seiner Lebensreise noch nicht vorangekommen, sondern mußte zunächst in Plombières der gewiß nicht geringen Aufbruchserwartung seiner jüngeren Reisegefährten Rechnung tragen. Doch man brach nicht unruhig am frühen Morgen auf, sondern höchst gelassen *nach Tisch*[238]. Ähnlich frei von Eile und Saumseligkeit bewegte man sich über Bussang, Thann, Mülhausen nach Basel tief ins deutschsprachige Gebiet hinein, womit zugleich das gefährliche Gebiet der ganz anderen Staatsreligion, hier der Calvinisten, erreicht war. Da saß man in Basel, nachdem der Rat der Stadt mit offizieller Ansprache und Weindotation der Ehre der Standesherren von Estissac und Montaigne standesgemäß Genüge getan hatte, höchst konfessionsübergreifend und gesprächsfreimütig etwa mit Franz Hotmann zusammen. Hotmann, 1524 zu Paris geboren, war früh zur reformierten Kirche übergetreten. Er hatte als hochgeachteter Jurist am Hofe von Navarra gelehrt und war seit der Bartholomäusnacht, die er nur mit Mühe als Professor in Bourges überlebt hatte, entschlossen, nie-

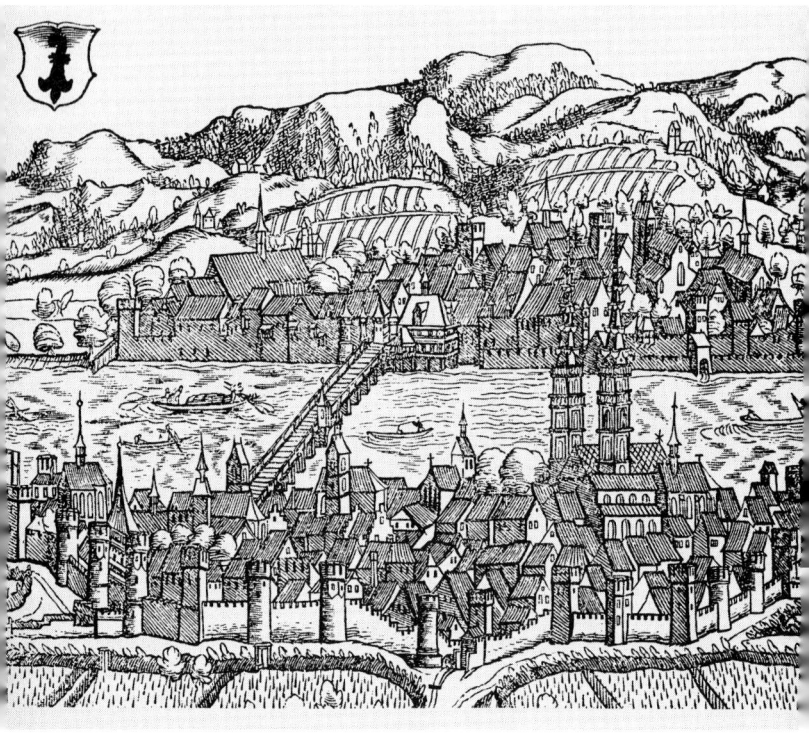

Basel. Holzschnitt von 1548

mals nach Frankreich zurückzukehren, weshalb er in Genf und Basel lebte. Er trat dort mit zahlreichen Schriften (darunter am berühmtesten «Franco-Gallia») bis zu dem Maße heftig gegen die katholisch-ligistische Partei in Frankreich auf, daß diese ihn mit Bestechungen zum Schweigen bringen wollte. Montaigne, der Royalist, zögerte nicht, das Gespräch mit dem calvinistischen Royalisten Hotmann zu suchen, denn dieser schrieb wenig später ein Plädoyer für die Thronfolge Heinrichs von Navarra.[239]

Im Gasthaus zur «Traube», dessen Wirt zugleich als Ratsmitglied ins prächtige, von den Reisenden wegen seiner Vergoldung bewunderte Rathaus ging, berichtete ein Mann von seinem Kriegsdienst, den er, obgleich Hugenotte, für den katholischen König von Frankreich geleistet habe. Montaigne erinnert sich nachträglich daran, bei der soeben verlassenen Belagerung von La Fère 50 Söldnern aus Basel auf der Seite des Königs begegnet zu sein, deren Konfession weder für den katholischen Kriegsherrn noch für sie selbst ein Hindernis war, die französischen Hugenotten zu bekämpfen. In Frankreich, das 1580 seinen sechsten Religionskrieg im Frieden von Fleix beendete, ohne daß ein Ende des konfessionellen Bürgerkriegs abzusehen war, hatte die Religionsauseinandersetzung schon jene militärischen Verwüstungen angerichtet, die erst eine Generation später auch Deutschland heimsuchen sollten. Aber auch Wallenstein betrachtete es später nicht als ein militärisches Risiko, die Kapitäne von protestantischer Konfession «in der Mehrzahl»[240] mit wichtigsten Kommandostellen im katholisch-kaiserlichen Heer zu betrauen.

Doch Montaigne sah noch das reiche Deutschland vor dem Dreißigjährigen Krieg. Nicht ohne Bewunderung hielt er während der Weiterreise die Indizien des bis in die niederen Schichten reichenden Wohlstands fest. Er kurte intensiv im schweizerischen Baden, das damals der besuchteste Badeort Europas war. Er mied wegen der Pest Zürich, besichtigte den Rheinfall bei Schaffhausen und gelangte nach Konstanz, wo er für die Schweiz und Deutschland generell beobachtete, daß die Bürgerhäuser *unvergleichlich schöner als in Frankreich*[241] sind und in den Gasthöfen *auch die Beköstigung besser ist*[242]. Die Reise, stets geduldig auch in kleinen Orten unterbrochen, führte über Lindau, Wangen, Isny, Kempten, Pfronten, Füssen, Schongau, Landsberg nach Augsburg, das Montaigne, der sich in Büchern wohl vorbereitet hatte und zudem zahlreiche Bücher mitführte, *als schönste Stadt Deutschlands gilt*[243]. Das ist gewiß ein von Sebastian Münster entlehntes Urteil, der in seiner «Cosmographia» von 1544 geurteilt hatte: «Augsburg ist die hervorragendste Stadt des ganzen Heiligen Römischen Reiches, sowohl an Reichtum als auch an Schönheit.»[244]

Augsburg wurde Montaigne offensichtlich zu einem Idealbild an wirtschaftlichem Wohlstand und konfessioneller Toleranz, das er recht weit in die Realität übertragen sah. Der Reinheit auf den Straßen, die damals schon jeden Samstag gesäubert, wie in den Häusern, deren Fensterscheiben *oft*[245] geputzt wurden, entsprach der Reichtum der Stadt in seinen Bürgerhäusern, zu deren Bewertung Montaigne wieder die Verhältnisse in seinem Heimatland heranzog: *Im allgemeinen sind hier die Häuser schöner, größer und höher als in irgendeiner französischen Stadt, die Straßen breiter.*[246]

Höhepunkt des städtischen Reichtums waren ihm die Fugger Häuser, die sogar mit Kupfer gedeckt waren und deren mit Marmor ausgelegte Räume ihm als *die reichsten Zimmer, die ich je gesehen habe*[247], erschienen. In den Lusthäusern der Fugger bewunderte er eine von Wasser in Bewegung gehaltene Uhr, kunstvolle Fischbrunnen mit Wasserspeiern und nicht zuletzt gewagte Scherze in der gartenarchitektonischen Konstruktion, die unter den Damen, wenn sie sich den Fischen zuneigten, durch einen Mechanismus im Bretterboden Wasserstrahlen auslöste, die

Jacob Fugger. Zeichnung von M. Schwarz, 1518

aus dem Boden mannshoch emporsprudelten und vor allem bis an *die Unterröcke und Schenkel der Damen*[248] vordrangen.

Dieser wirtschaftliche Wohlstand, den der langjährige Frieden den Bürgern durch Handwerksfleiß und Handelssinn zu schaffen erlaubt hatte, war für den Edelmann aus dem Périgord, der bis unter die Mauern seines Schlosses Montaigne mit der Konfessionskonfrontation jede politisch-wirtschaftliche Chance auf eine vergleichbare Prosperität seit langem und für lange zerstört sah, unlösbar gebunden an ein friedfertiges Nebeneinander der Religionsfraktionen. Mit besonderer Aufmerksam-

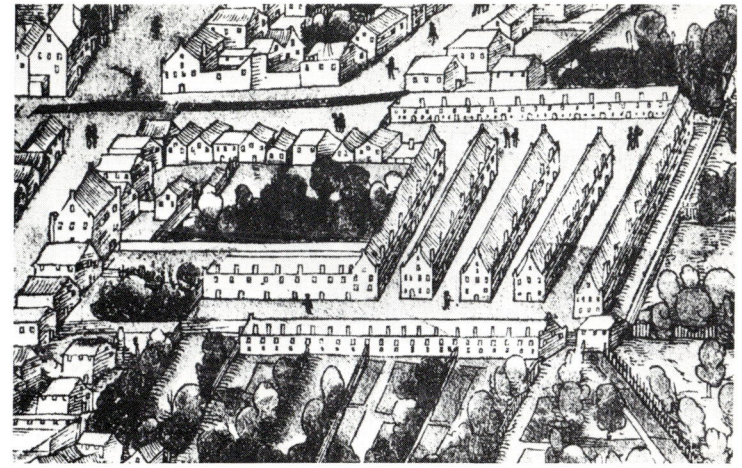

Die Fuggerei zu Augsburg. Ausschnitt eines Holzschnittes von 1521

Das Wappen der Fugger

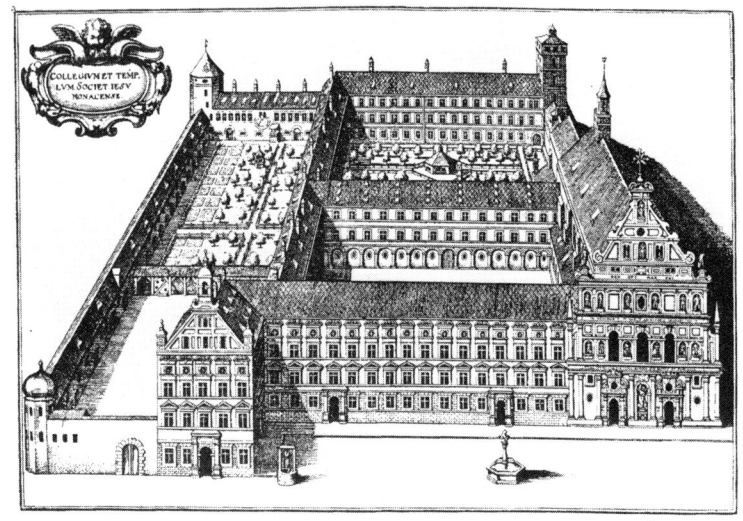

Das Jesuitenkollegium zu München. Kupferstich von Matthäus Merian d. Ä. um 1650

keit nahm er deshalb bereits im Gasthaus wahr, daß sein Wirt katholisch, dessen Frau protestantisch war, ohne daß es dem gemeinsamen Wirtschaften schadete. Auch auf der kirchenpolitischen Ebene der Stadt, wo der Kirchenbesitz beider Konfessionen zu regeln war, stellte er gegenseitige Respektierung von Katholiken und Protestanten fest. Sechs Kirchen gehörten den Protestanten, weit zahlreichere den Katholiken. Doch nur zwei Kirchen nahmen die Protestanten den Katholiken weg, vier erbauten sie selbst, und ihre Prediger *rühren an keine Einkünfte der Kirche, sondern werden öffentlich vom Staat besoldet*[249]

Montaigne nahm sich, was Descartes später nicht mehr wagen darf, ohne sich der Gefahr einer Häresie-Anklage selbst im liberalen Holland auszusetzen, in Augsburg die Freiheit, nicht nur eine protestantische Kirche zu besichtigen, sondern auch einen protestantischen Gottesdienst zu besuchen, bei dem er die Gemeinde in Gesang und Gebet bei ihrer *großen Ehrfurcht*[250] vor dem Namen Christi beobachten konnte. Das war ein harter Kontrast zu der Messe des Papstes in Rom am kommenden Weihnachtstag, wo er wenig später die Kardinäle in der St. Peter-Kirche *miteinander sprechen und plaudern*[251] sieht, so daß das Reisetagebuch im Rückblick auf Augsburg eines der wenigen indirekten Werturteile über die römischen Religionssitten festhält: *Diese Zeremonien erschienen überhaupt mehr prunkvoll als andächtig.*[252]

Sein katholischer Glaube geriet nicht in Zweifel, denn er empfiehlt selbst *in diesem Streit, der Frankreich gegenwärtig in Bürgerkriegen zerreißt,* als *die bessere und gerechtere Partei* die des *alten Glaubens und der alten Ordnung*[253] zu verfechten. Doch in Augsburg begegnete ihm der neue Glaube in einer Glaubwürdigkeit, die dem alten bereits verloren schien. Er beobachtete schließlich in Augsburg auch, obgleich die Katholiken *weit in der Minderzahl*[254] waren, eine originär christliche Friedfertigkeit, die ihm eine Ablösung der Glaubensdiktatur zugunsten eines pragmatisch-humanen Staatswohls durchaus nahelegte, ohne daß er solchen Reflexionen weiteren Raum gab. Es stand jedoch das positive Ärgernis unübersehbar-modellhaft im Stadtbild der wirtschaftlich-fortschrittlichen Stadt Augsburg: *Heiraten zwischen Katholiken und Protestanten finden täglich statt, und der Teil, der am meisten Verlangen hat, nimmt den Glauben des anderen an; solche Ehen bestehen zu Tausenden.*[255]

Nach dem nun schon obligatorischen Wappenschild, das jedoch diesmal 2 Taler 20 Sous kostete – kaum eine dieser Kleinigkeiten bleibt unerwähnt –, reiste die Gruppe aus Angst vor dem einbrechenden Winter eilig

Überreichung der Augsburgischen Konfession an Karl V. auf dem Reichstag zu Augsburg, 25. Juni 1530

nach Süden ab. In München ließ sich bereits das gegenreformatorisch reinigende Wirken der Jesuiten bemerken. Sie waren eine einflußreiche Partei bei Hofe, wo seit 1579 Wilhelm V., genannt der Fromme, der Vater Maximilians I., in seltener Prachtentfaltung und Regierungsunfähigkeit herrschte, und hatten sich *beim Volk verhaßt gemacht, weil sie unter Androhung schwerer Strafen die Geistlichen gezwungen haben, ihre Konkubinen zu verjagen.*[256]

Die weiteren Stationen waren Mittenwald, Seefeld, Innsbruck, Sterzing, Brixen, Bozen, Trient – hier kam es wenigstens zur Besichtigung der Kirche Santa Maria Maggiore, in der vom 17. Januar 1562 bis zum 4. Dezember 1563 die Kongregationssitzungen der dritten Konzilsperiode stattgefunden hatten. Es folgten die Städte Rovereto, Riva, Verona, Vicenza – erwähnt werden *Paläste des Adels*[257], doch nicht, daß einer ihrer wichtigsten Baumeister, Andrea Palladio, gerade erst am 18. August 1580 dort gestorben war. Auch der Weg von Padua bis Venedig wurde einigermaßen zügig absolviert. Es ereignete sich auf dieser Strecke die wohl auch damals schon unvermeidliche Reisekrise, denn die jungen Gefährten fan-

Venedig.
Holzschnitt des
16. Jahrhunderts

Der Dom zu Trient

den offensichtlich nicht dasselbe Vergnügen an Montaignes Art der Umwege und des Verweilens, eben *daß er die Gesellschaft oft die Kreuz und Quer führe*[258], denn *jeder dachte nur an die Rückreise*[259]. Dagegen fürchtete Montaigne, wie er es auch in den *Essais* zur Maxime erheben wird, *zu schnell ans Ende zu kommen*[260], und bedauerte, nicht ganz allein weiterreisen zu können – *dann würde er ganz seiner Neigung folgen*[261].

Aber Venedig versprach den jungen Reisepartnern offenbar die erwünschte Anregung, so daß es zu keinen weiteren Zwistigkeiten kam. Die Vergnügungen der Lagunenstadt und ihr legendärer Ruf sorgten für ausreichende Ablenkung. Ob die jüngeren Reisegefährten ausgiebig bis ausschweifend die Vergnügungsangebote Venedigs in Anspruch nahmen, von denen ihr König Heinrich III. 1574 auf der Rückreise von Polen nach Frankreich so exzessiv Gebrauch gemacht hatte, daß seine schlechte Gesundheit bis zur Selbstzerstörung und seine Homosexualität bis zur einseitigen Geschlechtsbevorzugung – mit dem Risiko, die Geschlechterfolge der königlichen Valois zu beenden – gesteigert wurde, muß offenbleiben. Eher mürrisch vermerkt Montaigne, nachdem er mit dem französischen Gesandten Arnaud du Ferrier (1505–85) höchst ehrenvoll gespeist hat, daß er *nichts von der berühmten Schönheit*[262] der Kurtisanen erkennen könne. Dagegen erachtet er es *mindestens staunenswert*[263], daß sie vom Aufwand her wie Prinzessinnen leben und ihre Zahl 150 erreicht, obgleich ein 1574 gedruckter Katalog der angesehensten «Damen von Venedig»[264] sogar 215 Adressen aufweist. Eine der berühmtesten Kurtisanen, Veronica Franca, die damals 35 Jahre alt war, schickte ihm, der sich stets seines *einnehmenden Äußeren*[265] bewußt war, durch Boten ihr im selben Jahr erschienenes Buch «Lettere famigliari a diversi» (dem bereits die literarische Veröffentlichung «Terze rime» von 1575 vorausgegangen war), doch ließ Montaigne dem Überbringer lediglich zwei Taler geben. An der Aufrichtigkeit dieser Aufzeichnung wäre schon deshalb nicht zu zweifeln, weil eine weitergehende Offenheit die Ruhe des Familienlebens auf Schloß Montaigne hätte stören können. Montaigne hat der Ehe, in die er *hineingeführt* wurde wie in eine unvermeidliche Tradition[266], später manchen positiven Aspekt abgewonnen und *die Gesetze des Ehestandes strenger gehalten, als ich versprochen oder gehofft hatte*[267].

Nach einer knappen Woche (6.–12. November), in der Montaigne die Sehenswürdigkeiten Venedigs sowohl *hinreichend bekannt*[268] wie etwas weniger sehenswert als vorgestellt befunden hatte, um im Tagebuch näher beschrieben zu werden, reiste die Gruppe nach Padua zurück. Dort mietete der Herr von Cazalis eine Wohnung, wahrscheinlich um juristische Vorlesungen zu hören. Dort ließ Montaigne die Werke des Nikolaus von Kues zurück, die er in Venedig gekauft hatte – in der Hoffnung, sie bei einem weiteren Besuch der Stadt wieder mitzunehmen. Offensichtlich

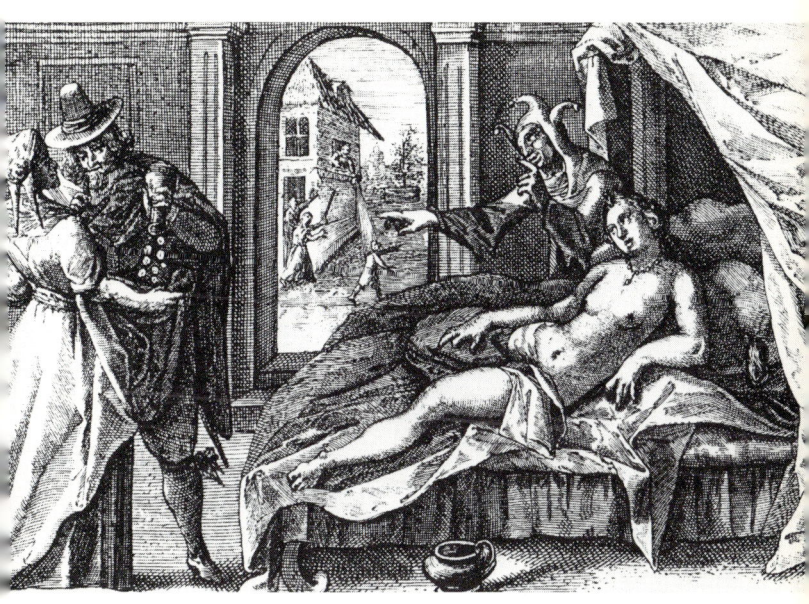

Prostitution. Kupferstich um 1600

war seine Reisebibliothek schon so reichlich bestückt, daß die 1565 in Basel erschienene Cusanus-Ausgabe ein Transportproblem darstellte, denn ohne eine gewisse Zahl von Büchern mochte Montaigne auch unterwegs nicht sein: *Ich reise nie ohne Bücher, weder im Frieden noch im Krieg. Gleichwohl werden Tage und Monate vergehen, ohne daß ich sie zur Hand nehme.*[269]

Seine Beziehung zum Buch, wie er sie auf Reisen pflegte, unterscheidet sich nicht von der Haltung zu seinen Büchern im dritten Stockwerk des Turms von Montaigne, wo seine Bibliothek ihren festen Platz gefunden hat – es ist die eines *Geizhalses*, der *seine Schätze genießt in der Gewißheit, daß ich sie genießen werde, wann es mir behagt: meine Seele sättigt und vergnügt sich mit diesem Verfügungsrecht.*[270] Ständige Zugriffsmöglichkeit und gelassene Distanz beim Gebrauch bestimmten seinen *Umgang mit Büchern*, den er nicht zufällig mit dem mit Menschen in Vergleich setzt und als *weit zuverlässiger und mehr unser eigen*[271] bewertet. Bücher sind ihm die treueren Begleiter, die ihm auch in menschlicher Einsamkeit oder in der Leere des Alters bleiben. Sie werden zum Beistand für das Leben schlechthin und dürfen weder auf der Lebensreise noch der Reise selbst fehlen: *Dies ist die beste Wegzehrung, die ich für diese menschliche Reise fand.*[272]

Ariost. Gemälde von Tizian

Zielstrebig ging es nun über Abano weiter nach Süden bis Ferrara, wo dem Herzog Alphons II. d'Este, dem Förderer Torquato Tassos, die standesgemäße Aufwartung zu machen war. Der Herr von Estissac hatte Empfehlungsschreiben zu überreichen. Es geschah, wie Montaigne mit Nachdruck vermerkt, zur höchsten Ehre der Besucher. Der Herzog nahm den Hut ab, als die französischen Edelleute eintraten, und hatte, als sie sich nach längerer, teilweise in italienischer Sprache geführten Unterhaltung zurückzogen, *sein Haupt nicht wieder bedeckt*.[273] Das von ihm beobachtete und also auch hochgeachtete Ritual der Aristokraten hinderte Montaigne jedoch nicht an der Feststellung, daß die dritte Gemahlin des Herzogs, Margarethe Gonzaga, für die dieser in Prachtwettstreit mit Venedig einen eigenen Bucentaurus hatte bauen lassen, um sie auf dem Po heimzuführen, zu schön und zu jung für ihn sei (er war 48, sie 18 Jahre alt). Auch an Ariost, der im eigenen Geburtsjahr 1533 gestorben war, erinnerte sich Montaigne und besuchte die Kirche San Benedetto, wo das Grabbild des Dichters ihm die Person *ein wenig voller* [274] als auf den Kupfern in den Büchern erscheinen ließ. Aus ihnen, besonders aus dem «Rasenden Roland», zitiert er gern, da er sich diesem Schriftsteller und seiner Art des *von Ast zu Ast Flatterns* [275] verwandt fühlt.

Auch Tasso sah Montaigne in Ferrara – und zwar im Spital di Sant' Anna, wo der Dichter seit 1579 als Patient eingeschlossen gehalten wurde. Allerdings vermerkte Montaigne diesen Besuch im Tagebuch nicht. Doch später gab er in einer Neuauflage der *Essais* bei der Darstellung des *durchdringendsten Geistes, der die Ursache für den durchdringendsten Wahnwitz* [276] ist, als tragisches Beispiel *einen der klügsten und erfinderischsten Geister* an, *der besser als irgendein Dichter Italiens seit langem das Wesen der alten reinen Dichtkunst erfaßt hatte.* Das war unge-

Tasso. Zeitgenössisches Gemälde

TORQVATVS TASSO

nannt kenntlich Tasso, denn Montaigne enthüllte den Ort, wo er das zerstörte Genie getroffen hatte: *Ich fühlte noch mehr Unmut als Mitleiden, als ich ihn zu Ferrara in diesem erbärmlichen Zustand sah, wie er sich selbst überlebte und weder sich noch seine Werke mehr kannte.*[277]

Über Bologna erreichte die Reisegruppe sodann Pratolino, das prachtvolle Landhaus des Großherzogs von Florenz, das Francesco de' Medici seit 1573 errichten ließ und in dessen Garten wie schon in Augsburg derbkunstvolle Wasserspiele, in einer Grotte sogar mit Musik kombiniert, den Besucher derart *in den Hintern spritzen,* daß er noch vor Erreichen des Schlosses *durch und durch genäßt*[278] war. In Florenz jedoch, das Montaigne entsprechend der seinerzeitigen Stadtentwicklung als nicht so groß wie Ferrara beschreibt, geriet die italienische Renaissancekunst in seinen Blick. Sie fand Beachtung bis zur Namensnennung Michelangelos, dessen Grabmäler für Lorenzo de' Medici, den Herzog von Urbino (nicht zuletzt der Vater der Königinmutter Katharina von Medici), und Giuliano de' Medici, den Herzog von Nemours (entstanden 1521 bis 1534), er sogleich in der Kirche San Lorenzo besuchte. Der Dom erschien ihm als *eines der schönsten und prächtigsten Werke der Welt*[279], weshalb er auf dessen Dach stieg. Auch den Palast, es ist der Palazzo Riccardi, in dem 1519 Katharina von Medici geboren wurde, erwähnt er aus Respekt vor dem regierenden Königshaus seiner Heimat.

Hier in Florenz, wo er – gemeinsam mit Herrn von Estissac – an die Tafel des Großherzogs gebeten wurde, waren die politischen Familienbande zu Frankreich besonders eng geknüpft. 1527 hatte der Medici-Papst Klemens VII. aus diplomatischer Frankreich-Freundschaft den Sacco di Roma und damit die fast vollständige Verwüstung der katholischen Hauptstadt in Kauf genommen. Er hatte 1533 seine vierzehnjährige Nichte, die letzte aus der älteren Linie der Medici, selbst zur Hochzeit mit König Heinrich II. nach Marseille geleitet (im Geburtsjahr Montaignes[280], der die pompöse Zusammenkunft nicht zufällig als Beispiel höfischen Protokolls in den *Essais*[281] erwähnt).

An der Tafel des Großherzogs saß auch dessen Tochter Maria de' Medici aus der ersten Ehe mit Johanna von Habsburg, der Schwester von Maximilian II., doch war Maria, die spätere Gemahlin Heinrichs IV. von Frankreich zur Zeit von Montaignes Besuch erst sieben Jahre alt. Das gesellschaftliche Parkett wurde offensichtlich beherrscht von Bianca Capello aus Venedig, der Geliebten des Großherzogs. Er hatte sie 1578 geheiratet – sie war bereits fünfzehn Jahre lang seine Geliebte – und starb mit ihr 1587 gemeinsam nach einem Jagddiner. Nicht ohne Grund vermutete man einen Giftmord seines Bruders, des Kardinals Ferdinand de' Medici, der ihm als Ferdinand I. im selben Jahr auf den Thron folgen und sich später nach der Relaisierung mit Christine von Lothringen vermäh-

Bianca Capello

len sollte. Noch aber saß der Kardinal Medici mit seinem großherzogli-
chen Bruder friedlich zu Tisch, und Montaigne verglich nicht nur die
Tischsitten des Weintrinkens in Italien mit denen in Deutschland, sondern auch die Schönheit der italienischen Frauen mit der der französischen, um für die aus einer reichen und aristokratischen Familie Venedigs
stammende Bianca Capello die gerade noch diplomatische Beschreibung
zu finden, daß sie *nach italienischer Auffassung schön* sei: *Sie hat ein ange-
nehmes, majestätisches Gesicht, starken Oberkörper und eine Brustfülle
ganz nach ihrem* (der Italiener) *Geschmack.*[282]

Bei der Weiterreise nach Siena wurde auch Montaignes politische Parteinahme sichtbar. Er bemerkt über die Stadt, die 1555 von dem französischen Kommandanten Montluc tapfer verteidigt und dennoch 1557 in
die Toskana einverleibt worden war, daß der Großherzog, dessen Tafel er
gerade verlassen hatte, in ihr zwar die Freiheitsparolen an den Wänden

habe stehen lassen, *die Grabmäler und Grabinschriften der Franzosen, die dort gefallen waren*[283], jedoch fortschaffen ließ. Francesco de' Medici, der in Florenz wie sein Vater Cosimo I. als Tyrann höchst unbeliebt war, doch so viel Kunstverstand besaß, daß er die Gemäldesammlung der Uffizien begründete, herrschte nicht nur über Florenz und Siena, sondern auch über Montalcino, das 1555 Montluc nach freiem Abzug mit 677 Sienesen zur kleinen Republik gemacht hatte. Dorthin unternahm die französische Reisegruppe der vier Edelleute einen Abstecher, um wenigstens jene französischen Spuren der Freiheit zu finden, die subversiv noch vorhanden waren, nachdem der französische König Heinrich II. im Frieden von Château-Cambrésis die italienischen Ansprüche und also auch die Republik dem Großherzog der Toskana zugunsten der lothringischen Städte preisgegeben hatte: *In den Ländern des Herzogs wird die Erinnerung an die Franzosen in solchen Ehren gehalten, daß man ihrer kaum zu erwähnen braucht und den Leuten kommen die Tränen in die Augen. Der Krieg erschiene ihnen willkommener, wenn er ihnen nur irgendwie ihre Freiheit sicherte, als der Frieden, den sie unter der Gewalt genießen.*[284]

Der Bau des Petersdomes zu Rom. Kupferstich von Duchetti

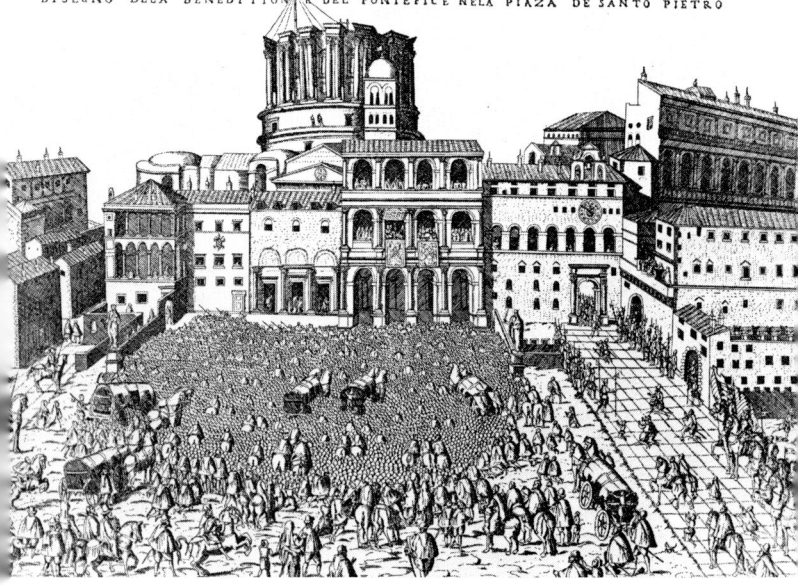

Doch das Reiseziel Rom lockte und wurde über Viterbo und Ronciglione am letzten Novembertag erreicht. Der Bedeutung des Orts und der eigenen Emotion gemäß, nun auch die berühmte Metropole des Abendlandes erreicht zu haben, gab Montaigne präzise an, daß es gegen 20 Uhr am Tag des Heiligen Andreas an der Porta del Popolo geschah. Aber zunächst war wie in anderen Städten Italiens die Gesundheitskontrolle zu passieren, denn in Genua herrschte erneut die Pest. Nun kam in Rom noch die Grenzkontrolle des Geistes hinzu, denn sämtliche Bücher, die der Edelmann aus dem Périgord mitführte, wurden vom Zoll zunächst einbehalten. Unter ihnen auch, wie er in zorniger Ironie vermerkt, einige Bücher deutscher Gelehrter, die gegen die Ketzerei geschrieben hatten, in deren Werken aber wenigstens die Argumente der Ketzer angeführt werden mußten, um sie widerlegen zu können. Nachträglich begrüßte er den Zufall, nicht auf einige der verbotenen Bücher in Deutschland gestoßen zu sein, die, wie er seinem Diener nicht ohne geistigen Freiheitsanspruch diktierte, der Herr von Montaigne sich *bei seiner Wißbegierde doch sicher nicht hätte entgehen lassen.* [285] Bereits an der Stadtmauer Roms war damit die gegenreformatorische Anstrengung des Papstes Gregor XIII., der den im Jahre 1559 von Paul IV. erfundenen Index «Librorum prohibitorum» mit Nachdruck praktizierte, auf dem 1674 auch die *Essais* von Michel de Montaigne landen sollten, für ihren Autor unmittelbar spürbar.

Am Weihnachtstag hörte Montaigne mit seinen Reisegefährten im Petersdom den Papst selbst die Messe lesen. Auch der Kardinal de' Medici aus Florenz war Mitgestalter der Zeremonie, bei der der Gast aus Frankreich sich darüber verwunderte, daß vom Papst bis zum letzten Prälaten auch während der heiligen Handlungen alle sitzen blieben, ihren Kopf bedeckt hielten und munter miteinander plauderten. Zugleich aber wies der Abendmahlskelch eine besondere Vorrichtung auf, um eine Vergiftung zu verhindern – es war die Fistola, bestehend aus drei goldenen Röhrchen. [286]

Schon wenige Tage später, am 29. Dezember, erwirkte der französische Gesandte, der überaus gelehrte und auch mit Montaigne befreundete Edelmann Louis Chasteigner, Herr von Abain und La Roche-Posay, die Ehre, beim Papst zum Fußkuß erscheinen zu dürfen. Das Ritual, das heute heiter entrückt und zugleich komisch erniedrigend erscheint, dürfte damals selbst für einen so freizügigen Geist wie Montaigne den unangefochtenen Rang einer Erhöhung im Glauben und einer Bestätigung im sozialen Status besessen haben. Zahlreich waren nicht nur die Kniefälle – allerdings nur auf einem Knie –, die alle vier französischen Edelleute – in standesgemäßer Aufreihung Estissac, Montaigne, Mattecoulon, Hautoy – zu absolvieren hatten, stets das Gesicht dem Papst in der Ecke des Zimmers zugewandt. Auch hatte dieser durch jeweils einen Segen die erstarrte Haltung des Kniefalls sowohl beim Auftritt wie bei der ebenso etappenreichen Verabschiedung zu lösen. Am Rand des roten Teppichs angelangt, der vor den Füßen des Papstes lag, kam es zum Kniefall auf beiden Knien, worauf der Gesandte, während er die Besucher vorstellte, ein Knie beugte und das Gewand vom rechten Knie des Papstes zurückschlug: *Es kam ein roter Pantoffel mit einem weißen Kreuz zum Vorschein. Die Knienden rutschten in ihrer Lage bis zum Fuß hin und beugten sich nieder, um ihn zu küssen. Herr von Montaigne erzählte, der Papst habe die Spitze des Fußes ein wenig gehoben.* [287] Nachdem der Gesandte den Fuß des Papstes wieder bedeckt hatte, sprach dieser Empfehlendes nur über die beiden Herren von Estissac und von Montaigne, und nur an sie beide richtete er einige Worte: *Der Papst zeigte ein sehr freundliches Gesicht und ermahnte den Herrn von Estissac zu Eifer und Tugend und den Herrn von Montaigne, er möge in seiner alten stets bezeigten Ehrerbietung für die Kirche und den allerchristlichsten König fortfahren.* [288] Es war selbstverständlich, daß keiner der Herren ein Wort an den Papst richtete.

Ungewiß muß bleiben, ob Gregor XIII., der so achtsam bei der Personaldiplomatie der neu zu ernennenden Bischöfe war, einige Informationen über Montaigne aus dessen konfiszierten Büchern sich hatte übermitteln lassen und so mehr als Leerformeln der religiösen Ermahnung zum

Der Lateranpalast zu Rom

Gregor XIII. Kupferstich um 1575

Ausdruck brachte. Noch bevor am Montag nach Palmsonntag dem Autor der *Essais* sein Buch und bis auf eine französische Übersetzung der Schweizer Geschichte, in der von Calvin die Rede gewesen sein dürfte, auch seine Bücher zurückgegeben wurden, besaß die päpstliche Bürokratie ein recht präzises und nicht ganz makelloses Bild von seiner Person. Der Dominikaner Sisto Fabri, der Leiter der römischen Zensur mit dem offiziellen Titel «Maestro del sacro palazzo», der selbst kein Wort Französisch verstand, übergab ihm am 15. April 1581 seine Bücher mit jenen Einwänden eines französischen Bruders, auf die Montaigne jedoch nach eigenen Angaben derart zu antworten verstand, daß der höchste Zensurverantwortliche es dem Gewissen Montaignes überantwortete, jene Stellen zu finden und zu verbessern, *die von schlechtem Geschmack zeugten*[289]. In den monierten Einzelfällen zeigte sich Montaigne vor Ort nachgiebig und verweigerte doch später jede Korrektur – weniger aus antikirchlicher Opposition als in der Gewißheit, nur subjektive Urteile geäußert zu haben. So gab er zu, das Wort Schicksal mißbräuchlich benutzt zu haben, da es kein christlicher Begriff sei – die Passage in den *Essais* lautete: *Ich meinerseits lasse sie verbis indisciplinatis* (in ungeweihten Worten, entnommen dem «Gottesstaat» des Augustinus, X, XXIX) *von Schicksal, Verhängnis, Zufall, Glück und Unglück und den Göttern und anderen Wortgebilden ihrer Manier reden.*[290] Ferner gestand er als Irrtum ein, Théodore de Bèze (1519–1605), der Calvins Nachfolger in der Genfer Kirchenleitung wurde[291], als einen *der besten Dichter des Jahrhunderts* in den *Essais* (II, 17) bezeichnet zu haben, doch beharrte er auf diesem Urteil auch nach der Rückreise aus Rom im danach veröffentlichten III. Teil.[292] Ebenfalls bedauerte er in Rom die Erwähnung von Georges Buchanan in den *Essais* (I,26 und II,17) – der Historiker und in lateinischer Sprache schreibende Dichter, zudem noch leidenschaftlicher Gegner Maria Stuarts, hatte von 1539 bis 1549 am Collège de Guyenne unterrichtet und war möglicherweise direkter Lehrer Montaignes gewesen.[293] Außerdem fand er sich zu dem Eingeständnis bereit, Julian entschuldigt zu haben – der gesamte Essay *Von der Gewissensfreiheit* (II,19) ist dem Kaiser Julian Apostata (331–361) gewidmet. Dieser, philosophisch hochgebildet und früh vom Christentum enttäuscht (Apostata = der Abtrünnige), wurde für Montaigne zum Kronzeugen für die zeitgenössischen Religionskonflikte mit ihrer gerade im Christentum in neuer Dimension aufbrechenden Brutalität, *denn er hatte durch die Grausamkeit einiger Christen erfahren, daß der Mensch auf Erden kein Tier so sehr zu fürchten hat wie den Menschen*[294]. Weiterhin hielt ihm der Zensor vor, im Essay *Über das Beten* (I,56) vom Betenden gefordert zu haben, daß dieser im Augenblick des Gebets *von jeder Neigung zum Bösen frei sein müsse*[295]. Mit dieser Passage hatte Montaigne, übrigens nach der protestantischen Ethik, aber in unausgesprochener Ablehnung des formalistischen Dogmas der Gegenreformation, daß der korrekte Ritus Vorrang vor dem reinen Gewissen habe, vom Betenden verlangt, daß seine Seele *von sündhaften Leidenschaften gereinigt*[296] sein müsse.

In der Liste der Irrtümer hatte der Zensor außerdem angemerkt, daß Montaigne jede weitere Mißhandlung jenseits der Tötung als Grausam-

Die Versorgung der Kardinäle während des Konklaves zur Papstwahl.
Kupferstich von 1570

keit bewerte. Er hatte in dem Essay *Über die Grausamkeit* (II,11) höchst indirekt-unüberlesbar auf die Folter in weltlicher und kirchlicher Justiz angespielt, als er voll Abscheu schrieb: *Ich stoße mich nicht so sehr an den Wilden, wenn sie die Leichen der Verstorbenen braten und aufessen, als wenn sie ihre Feinde lebendig quälen und peinigen. Sogar die Hinrichtungen von Gerichts wegen, und wenn sie noch so begründet sind, kann ich nicht mit ungerührtem Auge ansehen.*[297] Und auch sein Ethos der Kindererziehung hatte Anstoß erregt, als er in dem Essay *Über die Kindererziehung* (I,26) – an die Adresse seiner gräflichen Nachbarin Diane de Foix auf Schloß Gurson kurz vor deren Niederkunft mit dem ersten Kind im Jahre 1579 – dem zukünftigen Zögling nichts verweigert: *Er soll alles zur Hand nehmen und sich eines jeden nach seinem Gebrauchswert bedienen... mit einer ehrbaren Neugierde, die allem nachgeht*[298], und seinen Willen bei möglichst weitreichendem Können allenfalls aus freier Entscheidung eingegrenzt sehen wollte: *Ich will, daß er sogar in der Ausschweifung seine Gesellen an Festigkeit und Ausdauer übertreffe und daß er nicht, weil er es nicht kann oder nicht weiß, sondern weil er es nicht will, das Böse zu tun unterlasse.*[299]

Natürlich versicherte Montaigne, auch alle diese anfechtbaren Aussagen in der festen Überzeugung formuliert zu haben, mit ihnen keinerlei religiösen Irrmeinungen aufzustellen. Und die aristokratischen Höflichkeitsgesten des Franzosen verpflichteten offensichtlich seinen italienischen Standesgenossen, sogar gegenüber dem aggressiven Landsmann die Verteidigung Montaignes zu übernehmen. Der Autor der *Essais* nahm sich später die Freiheit, sein Buch stets frei von den kirchlichen Richtigstellungen zu halten, indem er keine strittigen Passagen strich und doch seine Sicht nach der Rückkehr aus Rom in der Ausgabe von 1582 in ihrer relativen Richtigkeit in einer Einfügung betonte: *Ich trage ungeformte und unschlüssige Einfälle vor, wie es jene tun, die Streitfragen aufwerfen, um sie von den Gelehrten erörtern zu lassen: nicht um die Wahrheit zu verkünden, sondern um sie zu suchen.* [300] Doch dieser diplomatischen Defensive korrespondierte eine verstärkte Attacke gegen die formalistische Heilswirkung des Gebets, dessen Mißbrauch ihm sündiger als dessen Nichtgebrauch erschien: *Und die Verfassung eines Menschen, der sein abscheuliches Leben mit Andacht verquickt, scheint mir noch um einiges verdammenswerter zu sein als die eines Menschen aus einem Guß, der sittenlos durch und durch ist.* [301]

Doch auch Montaigne hat in Rom, wo er bis zum 19. April 1581 mit großem Vergnügen verweilte, eine Art höhere Heimat seines europäischen Traditionsdenkens wie auch seiner religiösen Rückversicherung gefunden, weshalb er sich nicht zufällig um das römische Bürgerrecht bewarb. Das Rom Gregors XIII. war nicht nur die gegenreformatorische Machtzentrale, in der 1572 der soeben durch spanischen Einfluß gewählte Papst auf die Nachricht der Bartholomäusnacht hin den Tod Tausender Hugenotten mit einem Tedeum feiern ließ. Der Papst hielt auch schriftlich fest, daß ihm der Tod der Ketzer hundertmal mehr wert erscheine als 50 Siege wie in der Seeschlacht von Lepanto, in der 1571 Don Juan d'Austria glanzvoll die heidnischen Türken geschlagen hatte. Theologisch war das übrigens nur konsequent, denn ein Heide, der noch Christ werden kann, ist dem katholischen Christentum weit weniger gefährlich als ein von Rom enttäuschter Neuchrist.

Das Rom von 1581 war auch die Schaltstelle einer politischen und religiösen Erneuerung. Gregor XIII., der als Rechtsgelehrter weltlicher Kurienbeauftragter beim Konzil in Trient gewesen war, bevor er 1565 Kardinal wurde, betrieb Reinigung und Neubelebung der katholischen Kirche mit Energie, Systematik und nicht zuletzt persönlicher Integrität. Auch Montaigne beobachtete vor Ort, wie der Papst für die verschiedensten Nationen von den Griechen bis zu den Polen Kollegien bauen ließ, um *die Kinder dieser durch schlechte Lehren irregeführten Nationen wieder zu gewinnen* [302]. Nicht zuletzt entstand für Italien selbst das Collegium Romanum, die noch heute nach ihm benannte Universität «Gregoriana». Für den jungen Reformorden der Jesuiten, dessen Missionare er bis nach Indien und Japan ausschickte, ließ er seit 1576 die frühbarocke Kirche Il Gesù errichten, die zum architektonischen Vorbild für zahlreiche Kirchen der Gegenreformation wurde. An ihrem Entwurf war neben Vignola auch Giacomo della Porta beteiligt, die nach dem Tod Michelangelos (1564) den Weiterbau der Peterskirche betrieben. Il Vignola war Dombaumeister von 1564 bis 1573, della Porta von 1573 bis 1603, der auch den Weiterbau der Kuppel (einschließlich ihrer Erhöhung) vorantrieb. Gregor XIII. wie auch sein Nachfolger Sixtus V. stellten dafür sogar derart ausreichende Finanzmittel zur Verfügung, daß 800 Arbeiter Tag und Nacht tätig sein konnten – Fertigstellung 18. November 1626. Montaigne sah in Gregor, der 1581 fast 80 Jahre alt war (er starb 1585), schon historisch *einen großen Bauherrn*[303].

Im übrigen nahm die so intensive wie dezente Neugier Montaignes alles wahr, was ihm in schnellem Wechsel an Ereignissen, Personen und Entdeckungen während der römischen Monate begegnete. Da versammelten sich 30 000 Zuschauer, um die Hinrichtung des Banditenhauptmanns Catena zu sehen. Montaigne beobachtete dabei das psychologische Faktum, daß das Volk zwar die Tötung durch den Strang in der Erdrosselung gelassen hinnahm, dagegen bei der nachträglichen Vierteilung in Schreie des Mitleids ausbrach. Diese Differenz wird ihn zu einem psychologischen

Hinrichtung, 1573

Ein Karneval, 1584

Einschub in der späteren Ausgabe der *Essais* veranlassen.[304] An der Beschneidungszeremonie eines Juden – bereits in Padua hatte er eine jüdische Gemeinde besucht – nahm er mit besonderer Aufmerksamkeit teil, so daß ein minuziöses Protokoll von hohem religionsgeschichtlichen Quellenwert im Reisetagebuch festgehalten ist. Seiner Aufmerksamkeit entging wie in Venedig nicht die Schönheit der käuflichen und nichtkäuflichen Damen. Er hielt von ihr resümierend fest, daß die *vollkommene und seltene Schönheit*[305] nicht häufiger als in Frankreich auftritt und ihm nur in drei oder vier Fällen unter die Augen kam. Dagegen gestand er Italien weniger durchgängige Frauenhäßlichkeit und eine größere Durchschnittsansehnlichkeit der Frauen als Frankreich zu, wozu wohl gelegentliche Besuche bei einzelnen Kurtisanen beigetragen haben mögen, mit denen nächtliche Gespräche geführt zu haben er einräumt und das übrige im Verschweigen nicht ausschließt.

Nicht zuletzt das Zentrum der katholischen Christenheit wird sichtbar: Fastnacht, Exorzismus, Kanzelreden, öffentliche Geißelungen, das Schweißtuch der Veronika, die Plastiken der Laokoon-Gruppe und des Dornausziehers, eine Pilgerwanderung durch die sieben obligatorischen Kirchen in der Karwoche in Begleitung des befreundeten Paul de Foix. (Ihm, dem Erzbischof von Toulouse und französischen Gesandten in Venedig, hatte Montaigne 1571 den bei F. Moral in Paris erschienenen Nachlaßband mit den französischen Gedichten Étienne de la Boéties gewidmet.) Auch in das gesellschaftliche Leben Roms tauchte Montaigne als Gast eines Fastnachtsfestes ein, das Jacopo Buoncampagni gab, der Gouverneur Roms und Kastellan der Engelsburg. Buoncampagni war nicht zuletzt ein Sohn des Papstes, den dieser, bevor er die Weihen erhielt, mit einer Dienerin in Bologna gezeugt hatte. Später ließ der Papst ihn legitimieren und machte ihn 1579 durch Kauf zum Herzog von Sora; 1576 hatte er ihn einige Zeit nach Perusa verbannt, da er einen seiner Untergebenen der päpstlichen Gerechtigkeit hatte entziehen wollen. Gregor XIII., ein

Flagellant. Kupferstich des 15. Jahrhunderts

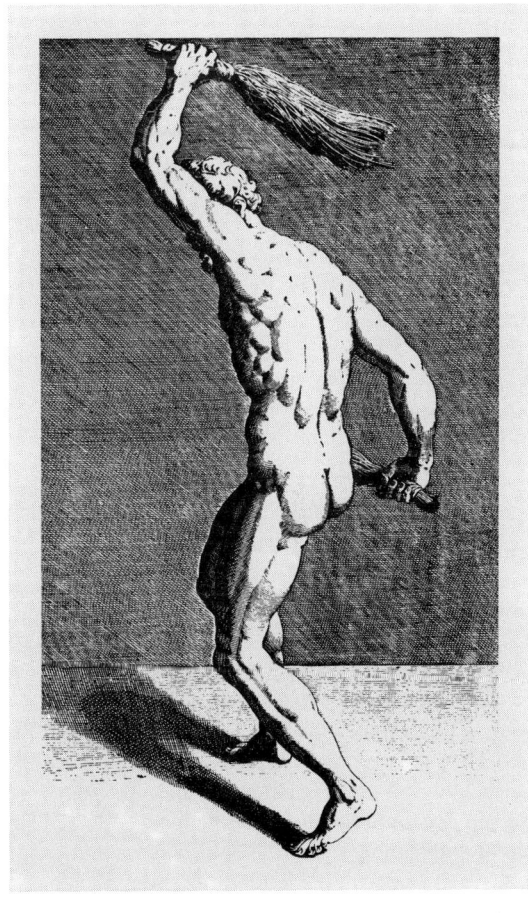

Die Universitätsbibliothek zu Leyden.
Kupferstich von Jan Cornelis Woudanus um 1610

entschiedener Gegner des Nepotismus der Renaissancepäpste, wollte auch und gerade an seinem Sohn die Absage an ungerechte Begünstigungen demonstrieren. Die Herren bedienten die Damen, das gebratene Geflügel war wieder in sein natürliches Gefieder gekleidet, die Süßigkeiten lagen in Etagen übereinander gehäuft.

Zwei Ereignisse erreichen die emotionalen Tiefenschichten Montaignes. Zum einen sah er nicht nur die Bibliothek des Vatikans, die schon zu jener Zeit jedermann öffentlich zugänglich war, sondern ihm wurden auch Handschriften jener antiken Schriftsteller gezeigt, bei denen er seine philosophische Ethik seit langem gefunden hatte: Seneca und Plutarch. Am Rande vermerkte er mit Genugtuung, daß Thomas von Aquin eine noch schlechtere Handschrift als er selbst besaß, und amüsierte sich über die lyrischen Versuche König Heinrichs VIII. von England, der 1520 ein Buch gegen Luther geschrieben und es Papst Leo X. gewidmet hatte. Zum anderen erwarb er auf eigenes Ersuchen den Titel eines römischen Bürgers, *wäre es auch nur wegen der alten Ehre und zur Erinnerung an die religiöse Bedeutung der Stadt gewesen*[306], denn es war ein leerer Namenszusatz ohne jeden weiteren Vorteil. Die Entscheidung traf der Papst selbst auf Empfehlung seines Majordomus Philippo Musotti, der Montaigne freundschaftlich zugetan war. Dieser erhielt den endgültigen Bürgerbrief am 5. April 1581 und konnte sich in seinem Adelsehrgeiz nicht versagen, die Textidentität seines Bürgerbriefs mit der des Briefs festzuhalten, den der Papst seinem eigenen Sohn ausgestellt hatte.

Seine Dankbarkeit für den Titel, der ihm selbst eher ein Zeichen der eigenen unerklärlich-unübersehbaren Eitelkeit war, brachte er wenig später im dritten Teil der *Essais* überdeutlich zum Ausdruck, indem er zwar von seinem *kindischen Sinn* an *eitlen Gunstbezeugungen* spricht, an die erste Stelle derer aber die *urkundliche Verleihung des römischen Bürgerrechts* stellt, *die mir neulich, als ich dort weilte, mit großem Prunk von Siegeln und goldenen Buchstaben ausgestellt und in huldvoller Gnade gewährt wurde.*[307] Die ironische Distanzierung schließt nicht aus, sondern entschuldigt vielmehr den wörtlichen Abdruck des phraseologischen Prachttextes, der die Verleihung *sowohl durch die Ehre und den Ruhm seines Geschlechts als auch durch die Verdienste seiner Tugend* begründete.[308] Um den jungen Adel seines Geschlechts, dessen Namen er urkundlich im Archiv des Kapitols verwahrt wußte, mußte er nun ebensowenig besorgt sein wie um das Vertrauen des Papstes in seine Rechtgläubigkeit. Denn während der Anstandsverabschiedung beim obersten Zensor erhielt er von diesem die Versicherung, daß noch lebende Kardinäle oder Ordensgeistliche in ähnlicher Weise zensiert worden seien, ohne daß es ihrem Ruf geschadet hätte.

Rom blieb der zentrale Zielpunkt seiner großen Reise, auch wenn er sich in andere Richtungen bewegte, etwa nach Loreto, wohin er am 19. April aufbrach. Die etappenfreudige Reise ging über Terni, Spoleto, Macerata, um in dem kleinen Dorf über dem adriatischen Meer das Gelübde einer Wallfahrt zu erfüllen, das er wie seine Frau für die Gesundung ihrer kränkelnden Tochter Léonore geleistet hatten. Am Ort der wunderwirkenden Madonna steht ein baufälliges Ziegelhaus, in dem Christus in Nazareth aufgewachsen sein soll – es ist noch heute rohes Kernstück des barocken Doms von Loreto –, bevor es sodann über die Zwischenstation Slowenien von Engeln nach Loreto durch die Luft getragen wurde. Dort erwirkte Montaigne die Erlaubnis, an exponiert heiliger Stätte auf der hinteren Innenwand des Gebäudes ein Gemälde mit vier in Silber gefaßten Figuren anbringen zu dürfen – natürlich die Mutter Gottes, seine Frau, die Tochter und ihn darstellend.

Wegen der Wunder, die zahlreich von dieser Stätte ausgingen, verweist er *an die Bücher*[309]. Er hält nur in neutralem Erstaunen den Bericht des ebenfalls in Loreto wallfahrenden Michel Marteau, Herrn von La Chapelle, aus Paris fest, der die Heilung seines Beines nicht durch die Chirurgen von Paris sowie 3000 Taler erreichen konnte, sondern einzig durch einen vom Blitz erleuchteten Traum in Loreto. Die Respektabilität dieses einflußreichen Edelmanns sollte er später um so weniger Ursache haben, in Zweifel zu ziehen, als Marteau ihm 1588 auf Befehl der Königinmutter Katharina den Dienst erwies, seine Befreiung aus der Bastille vorzunehmen, wo Montaigne während der politischen Wirren eher irrtümlich festgesetzt wurde. Sein abschließendes Urteil über Wunder und Wunderheilungen (einschließlich der Verurteilung des Hexenwahns[310]) hat er in den *Essais* derart eingegrenzt, daß er so lange ungläubig zu bleiben wünsche, wie man das Wunderbare *mit natürlichen und nicht wunderbaren Mitteln umgehen und wegdeuten kann*[311]. Selbst des Wunders als einer Manipulation oder eines Aberglaubens hat er sich höchst gezielt zur höheren Mannesehre eines Freundes in dessen Hochzeitsnacht bedient.[312]

Von Loreto ging die Reise über Urbino, wo er ein Bildnis Pico della Mirandolas bewunderte, über den Apennin nach Florenz, von dort ungesäumt nach Lucca und die idyllisch im kühlen Tal gelegenen Bagni La Villa, wo er ein ausgedehnt ruhiges Badeleben mit kleinen Unterbrechungen durch heitere Volksfeste absolvierte. Aus Langeweile lernte er Italienisch, wechselte auch im Tagebuch, das er seit Rom selbst führte, ins Italienische – das verhinderte differenzierte Mitteilungen. Er machte einen Ausflug nach Florenz, das ihm diesmal zu Recht den Titel der besonderen Schönheit zu verdienen schien, und nach Pisa, dessen schiefer Turm mit der schon seinerzeitigen Neigung von 1 : 10 vermessen wurde. Er begann langsam, die Freude an seiner Einsamkeit in Lucca zu verlieren, als ihn am 7. September in einem Brief über Rom die Nachricht erreichte, am 2. August zum Bürgermeister von Bordeaux gewählt worden zu sein – *einstimmig*[313], wie er betonte. Damit ereilte ihn nach dem nunmehr mit dem verehrten Vater geteilten Italien-Erlebnis auch die gemeinsame politische Ehre des Bürgermeisteramtes, das er zwar anzunehmen, doch nicht übereilig anzutreten bereit war.

Er verweilte eine weitere Woche in Lucca und reiste sodann nicht nach Norden, sondern nach Rom, um dort wenigstens noch ein kunstvoll bearbeitetes Straußenei aus dem Raritätenkabinett des Kardinals Ursini zu besichtigen und seinen Bruder mit 43 Goldtalern auszustatten, damit dieser in fünf Monaten seine Fechtkunst verfeinere. Nach standesgemäßer Verabschiedung von Herrn von Estissac sowie anderen Adeligen reiste er vom 15. Oktober bis zum 30. November über Mailand und den Mont-Cenis zurück nach Montaigne, nunmehr ohne längere Unterbrechung, denn mit Rom hatte er *die bequemste Stadt der Welt*[314] hinter sich gelassen, den *Sammelplatz aller Völker,* wo jeder *wie zu Hause* ist und wo am Hofe jenes Herrschers, der die ganze Christenheit mit seinem Macht-spruch – *der höchste, den es gibt* – umspannt, *bei seiner eigenen Wahl und bei der der Fürsten und Großen seines Hofes die Frage der Abstammung keine Rolle spielt.*[315]

Der praktizierende Pyrrhoneer: Bürgermeister von Bordeaux

Ins Amt des Bürgermeisters von Bordeaux am 7. September 1581 gewählt, am 30. November nach Montaigne zurückgekehrt, bestand die erste Amtshandlung Montaignes, der in der Ferne *noch ferner jedem solchen Gedanken*[316] an dieses hohe Amt gewesen war, in einem öffentlichen Bekenntnis, wie er selbst im 1588 veröffentlichten dritten Teil der *Essais* zugleich freimütig und nicht frei von Selbsterhöhung berichtet. In kunstvoller Bescheidenheit teilte er den Bürgern mit, daß er *ein Mann ohne Gedächtnis, ohne Umsicht, ohne Erfahrung und ohne Tatkraft,* doch auch *ohne Gehässigkeit, ohne Ehrgeiz, ohne Habsucht und ohne Gewalttätigkeit*[317] sei, um ihre hohen Erwartungen, die sich auf die äußerst aktive Amtszeit des Vaters in den Jahren 1554 bis 1556 bezogen, nicht zu enttäuschen. Noch bevor er sich und nicht zuletzt seinen Wählern in Bordeaux Rechenschaft über seine zwei Amtsperioden von jeweils zwei Jahren gibt, rückt er den Rang seiner Berufung wie vor allem die Wiederwahl bis ins Jahr 1585 ins rechte Licht der persönlichen Ehre. Denn das Amt, das nur Ehre und kein Geld bedeutete, wurde vor ihm vom Herrn von Biron und nach ihm von Herrn von Matignon, beide Marschälle von Frankreich, ausgeübt. Er kann deshalb nicht ohne Grund *voll Stolz über eine so edle Gesellschaft*[318] sein und in koketter Ironie sogar auf Alexander den Großen anspielen, der das Bürgerrecht Korinths erst nach dem Hinweis, Bacchus und Herkules stünden bereits im Bürgerbuch, annahm. Mit dieser Amtsübernahme verließ Montaigne spät und am weitesten in seinem Leben die Position des freiwillig entrückten und souverän verzichtenden Individuums und verband die mühsam errungene Freiheit der Selbstfindung in moralisch-politischer Dialektik mit der Pflicht zur aktiven Teilnahme am Gemeinwohl: *Wer überhaupt nicht für andere lebt, der lebt auch kaum für sich.*[319]

Es geschah jedoch nicht in ungebrochenem Aktionismus. Denn mochte die Amtsübernahme eine immanente Pflicht des Adels sein – *soweit es mein Stand von mir verlangt*[320] –, er war allenfalls bereit, *in so zurückhaltender Weise ich nur kann*[321], den öffentlichen Geschäften zu genügen. In höchst vager Anspielung erinnert er, *als Kind bis über die*

100

Montaigne. Kupferstich von St. Aubin

Ohren hineingetaucht[322] worden zu sein in das öffentliche Leben. Doch seitdem habe er sich ferngehalten und bis zu dem Grad den Ehrgeiz hinter sich gelassen, daß er nunmehr bilanzieren kann: angesichts der Versuchungen zum öffentlichen Amt habe er *oft vermieden, mich darauf einzulassen, selten habe ich darein gewilligt, nie danach gestrebt*[323]. Es ist auch Enttäuschung im Spiel sowie die bittere Bilanz aus frühen Tagen, daß das *Glück* ihn eher als seine *Entschlossenheit*[324] seinerzeit von öffentlichen Aufgaben fernhielt. Denn wenn eben dieses Glück ihm Wege eröffnet hätte, *die meinem Geschmack weniger zuwider und meinen Fähigkeiten besser angemessen*[325] gewesen wären, er wäre ihnen gefolgt – auch *über die Einsicht meiner Vernunft*[326] hinweg. Das Amt kommt spät und zu spät für einen unvernünftig vorwärtsdrängenden Ehrgeiz.

Der Welt und ihren rabiaten Umbrüchen der endlosen Religionskriege nun jedoch unmittelbarer zugewandt, ja als politischer Mitspieler ausgeliefert, hatte der neue «Weltmann» Montaigne seine souveräne Weltferne auch und gerade in der neuen Amtsehre zu bewahren. Das gelang in einem artistischen Balanceakt, der vor allem im Verzicht auf ambitiöse Politaktionen gemeistert wurde, gemäß der ebenso aufrichtigen wie zurückhaltenden Maxime, zwar *der gerechten Sache bis zum Scheiterhaufen zu folgen, aber nicht bis hinein, wenn es sich vermeiden läßt*[327]. Nicht sich so lange der Parteinahme zu enthalten, bis der Opportunismus den Übergang zum Sieger nahelegte, war seine Verhaltensstrategie, sondern trotz klarer politischer Position diese mit *Zucht und Mäßigung* und ohne *sich zu ereifern*[328] zu vertreten, erschien ihm als einzige und einzig ehrenvolle Chance, *daß der Sturm über ihre Häupter hinweggehen wird, ohne sie zu treffen*[329]. Zu diesem Wegducken vor den politisch-kriegerischen Stürmen gehörte auch die Tugend des Nichtmittuns selbst bei günstiger Gelegenheit, ein Verzicht auf schnellen Vorteil um langfristiger Sicherheit willen, so daß er empfahl, *im trüben zu schwimmen, ohne darin fischen zu wollen*[330]. Nicht offene Feigheit noch falsche Tapferkeit sollten sein politisches Handeln bestimmen.

Aber welche aus der Tradition überlieferte und individuell sich angepaßte Philosophie der Macht stand dem Freund La Boëties zur Ausübung des Bürgermeisteramts zur Verfügung? Etwa dessen tyrannen-, ja königsverachtende Verehrung einer nahezu demokratischen Legitimität oder Machiavellis 1513 entstandener «Principe», dessen bis zu Wortbruch und Verrat reichende Maximen des Machterhalts Montaigne überaus vertraut[331] waren? Ohne sich in die theoretische Ausformung einer politischen Ethik verleiten zu lassen, stand der Bürgermeister von Bordeaux 1581 doch höchst eigenständig-reflektierend und selbst kontrolliert-praktizierend auf dem metaphysischen Fundament einer so traditionsreichen wie unabhängigen Philosophie – der des Pyrrhon von Elis (360 bis 270 v. Chr.). Dessen wichtigste Verhaltensregel «ΕΠΕΧΩ» (Ich halte mein Urteil zurück) ließ er 1571 auf den dicken Querbalken an der Decke seiner Bibliothek malen.[332] Dessen Verzicht auf jedes dogmatische Wissen formte er zu seinem Wahlspruch *Que sais-je?*, der 1576 auf eine Schaumünze mit dem Symbol der Waage als dem Zeichen der Gleichwertigkeit gegensätzlicher Urteile geprägt wurde. Und dessen Erkenntnistheorie

Deckeninschriften in Montaignes Turm

entfaltet er mehrfach in den *Essais*[333] in nahezu unveränderten Übernahmen der ihm vorliegenden und lebhaft genutzten Quellen des Sextus Empiricus und Diogenes Laertius.

Wie eng bis zum privaten Umgang sich Montaigne an Sextus Empiricus als den zwar späten (200 bis 250 n. Chr.), aber einzig ausführlichen Überlieferer der Pyrrhonischen Skepsis hielt, verrät sowohl die Deckeninschrift «ΠΑΝΤΙ ΔΟΓΩ ΛΟΓΟΣ ΙΣΟΣ ΑΝΤΙΚΕΙΤΑΙ»[334] («Gegen jeden Grund richtet sich ein gleichwertiger Grund» – Sextus Empiricus' Zitate zieren fast am häufigsten die Decken seiner Bibliothek: 10 von 57[335]) wie auch die nahezu wörtliche Übernahme der erkenntnisskeptischen Sentenz des «gleichwertigen Widerstreits» (ἰσοσθενης διαφωνία[336]) in den *Essais: Es gibt keinen Grund, der nicht einen Gegengrund habe, sagt die weiseste Schule der Philosophen.*[337] Mit dieser Wertung bekennt er sich zu den Pyrrhoneern wie auch mit dem Satz für die Praxis des persönlichen Handelns, daß er *den Schiedsspruch gern der Entscheidung des Loses oder der Würfel überließe*[338]. Auch im Gespräch sind ihm *widerstreitende Meinungen* willkommen, denn er *verbietet seinem Verstand, Urteile zu fällen.*[339]

Im «Grundriß der pyrrhonischen Skepsis» des Sextus Empiricus hatte er nicht allein die Urteilszurückhaltung und Augenblicksgleichwertigkeit der *Essais* als ästhetisch-habituelles Programm gefunden, da «nur das, was mir jetzt erscheint»[340], dem höchsten Anspruch der einzig möglichen und dennoch nur vorläufigen Richtigkeit genügt. Sie garantierte ihm auch – durch Verzicht auf jede dogmatische Erkenntnis – die «Ungestörtheit und Meeresstille der Seele»[341]. Die Anstrengung des Zweifels, mit dem die Skeptiker die Schulen der Platonischen Dogmatiker und Neuen Akademiker in Widerstreit bringen und den Montaigne selbst als das Wesen der Philosophie wie seiner schweifend-hinterfragenden Art des Denkens bezeichnet[342], führt aus der erkenntnistheoretischen Aporie der «Gleichwertigkeit der entgegengesetzten Sachen und Argumente, zuerst zur Zurückhaltung, danach zur Seelenruhe»[343].

Der Methode, die geheime Ungewißheit einer jeden Erkenntnis zur skeptischen Offenbarung zu bringen und selbst noch die definitive Unkenntnis als infinit unerkennbar abzulehnen[344], ist Montaignes auffällige Geduld verpflichtet, die höchst unterschiedlichen, ja gegensätzlichen Gewohnheiten in kulturhistorischer Fülle zu dokumentieren. Diese Materialschlacht, die zunächst als Raritätensammlung um ihrer selbst willen erscheint, unterliegt jedoch sehr präzise der erkenntnisphilosophischen Strategie, alle Tatsachen in den Taumel einer totalen Relativität zu versetzen. Das Resultat ist nicht eine revolutionäre Wut, den fragwürdigen Status quo zu zerstören, sondern, da auch das Gegenteil keinen höheren Anspruch auf Wahrheit nachweisen kann, in toleranter Geduld die Verhältnisse, so wie sie sind, in unendlicher Stundung zu respektieren, so daß ihm jeder *Geschmack an Neuerungen verloren*[345] gegangen ist.

Das pyrrhonische Suchen gerät zum Selbstzweck, wenn Montaigne in fast manischer Neugier immer neue Exempel der sich aufhebenden Extreme in Mode, Eßkultur, Beischlaftradition, Totenbehandlung und nicht zuletzt Konventionsregeln aufführt, die konsequent auf die flirrende Gewohnheit der Einbildungskraft und nicht auf die klare Deduktion des Verstandes zurückgeführt werden.[346] Das vorgebliche Ziel, im Suchen unterwegs zu einer letzten Wahrheit zu sein, jedoch vor deren Erkenntnis sich abwartend-weiterbewegend in Offenheit zu halten, ist längst aufgegeben zugunsten einer unbegrenzten Freude an der bunten Vielfalt der Welt und einer rigorosen Abneigung gegen die Einfalt der einseitigen Wahrheit – nicht zuletzt der Glaubensdogmen. So stapeln sich die Einzelbeobachtungen in ihrer sperrigen Eigenheit und einer gelegentlich ermüdenden Fülle, indem Montaigne einem jeden Gegenstand die Aufmerksamkeit seiner autonomen Unmittelbarkeit im Kontrast gegen alle anderen Gegenstände gönnt. Das monomanisch-verengende Ziel der einzig richtigen Erkenntnis taucht nicht einmal mehr als Projektion auf. Zugleich garantiert jedoch die Vielfalt der Gegensätze, die gerade in ihrer Gegensätzlichkeit herausgestellt werden, um das Prinzip des Widerstreits in einer unendlichen Kette vorzuführen, die nicht an ein Ende gelangen darf, da sonst ihre Widerlegung stattfände, die Freiheit eines gleichmäßigen Abstands zu jeder einzelnen Position des Lebens, Denkens und Glaubens. Mit dieser Distanz auch zu jeder philosophischen Parteinahme, die schon dem antiken Skeptiker eine «Gleich-Gültigkeit» gegenüber jeder Systemphilosophie gestattete, ist für Montaigne auch die theoretische Rückversicherung zum Absolutheitsanspruch jeder Religionspartei des Bürgerkriegs gegeben. Damit folgerichtig auch zum Dogma des christlichen Glaubens generell, der vom Pyrrhonismus mit seiner totalen Infragestellung konfrontiert wird: «Denn die Existenz des Gottes ist nicht offenbar.»[347] Die Zurückhaltung aus erkenntnistheoretischer Skepsis verlangt von jedem, «nicht sich dogmatisch mit Überzeugung zu äußern, sondern nur zu erzählen, was er erlebt»[348], eine Methode, die den permanent fließenden und sogar widersprechende Eindrücke einschließenden Stil in den *Essais* bestimmt. Die Konsequenz aus dieser erkenntnistheoretischen Zurückhaltung ist der politische Verzicht auf jede Veränderung der bestehenden Verhältnisse, da dem Zukünftigen kein höherer Rang des Richtigen zukommt, solange die «Suche»[349] anhält. Und solange ist «ein Leben nach den väterlichen Sitten, den Gesetzen, den Lebensformen und den eigenen Erlebnissen»[350] zu führen. Sextus Empiricus lieferte Montaigne die ihm höchst genuinen Maximen eines minimalen Machtgebrauchs.

Bei Diogenes Laertius fand er ergänzend die Rückkopplung der theoretischen Zurückhaltung an die persönliche Zurückgezogenheit des Pyrrhon von Elis, die sein Leben von 90 Jahren zur ethischen Legitimation werden ließ und deren anekdotische Einzelheiten Montaigne zum Anlaß eines verdeckten Selbstporträts nahm.[351] Ihn wie sich selbst sah er unter die Forderung gestellt, *sein Leben in Einklang mit seiner Lehre zu gestalten.*[352] Nach Diogenes Laertius vollzog Pyrrhon, nachdem er aus der «Zurückhaltung des Urteils»[353] den Rückzug aus der Geselligkeit gefolgert hatte, wie sein späterer Verehrer Montaigne den Schritt in die «Einsamkeit», «so daß die Hausgenossen ihn nur selten sahen»[354]. Seine «Zurückhaltung von öffentlicher Tätigkeit»[355] resultierte nicht zuletzt aus der Anekdote über Anaxarch, der am Königshof niemanden mit seinen Reden gebessert habe, dagegen zu niederen Diensten gezwungen worden sei. Deshalb könne ein besseres Leben nur mit sich allein geführt werden, allein auch im Reden mit sich selbst, wie es Montaigne in den *Essais* vollzog. Von Pyrrhon war dieses Prinzip bis zu dem Grade getrieben worden, daß er seine Rede auch zu Ende führte, wenn sein Gesprächspartner ihn bereits verlassen hatte. In konsequenter Umkehr erklärte er als Ziel eines Selbstgesprächs, «er befleißige sich, ein umgänglicher Mensch zu werden»[356]. Als er einmal in Streit mit seiner Schwester Philista geriet, der er im übrigen – ganz im Gegensatz zu Montaignes Abneigung gegen jede Haushaltsführung – bei den primitivsten Hausarbeiten half, erklärte er sehr kritisch, «ein Weib sei ein schlechter Probierstein für die unerschütterliche Gemütsruhe».[357]. Eine charakteristische Verschiebung nimmt Montaigne vor, wenn er den Selbstvorwurf Pyrrhons in den Vorwurf verändert: *Muß denn auch noch dieses Weibsbild zum Erweis meiner Lehre dienen?*[358] Auch Pyrrhon, der von seiner Vaterstadt zum Oberpriester gewählt wurde und dessen redlichen Lebenswandel die Stadt Elis mit der Steuerfreiheit für alle Philosophen ehrte, folgte im sozialen Verhalten ohne grundsätzliche Infragestellung, aber auch ohne tiefgreifende Zustimmung den alltäglichen Lebensregeln und bestehenden Gesetzen.

Am Ausgang der Antike, als die rein erkannten Ideen Platons in die Krise ihrer angefochtenen Gültigkeit gerieten und der Zweifel der Skeptiker jede dogmatisch-feste Philosophie in einen Wirbel des Widerstreits versetzte, vermochte nur das aufkommende Christentum mit seiner neu-dogmatischen Glaubensgewißheit eine positiv-politische Gestaltungskraft bereitzustellen.[359] Am Ausgang des Mittelalters, als mit der erlahmenden Glaubenskraft der katholischen Kirche, die mit der aufkommenden Religionsspaltung einen ähnlichen Auflösungsprozeß der Selbstgewißheit durchlief, wie die spätantike Philosophie einen des Denkens bis zur Preisgabe seiner politischen Mitwirkungsbereitschaft durchmessen hatte, erlebte der Pyrrhonismus nicht zufällig eine Renaissance. Montaignes politische Haltung des Zögerns, Zauderns, Zusehens, Zuwartens, Zurückhaltens war nicht aus persönlichem Opportunismus, sondern aus Selbstzweifeln des Denkens und Glaubens erwachsen. Diese Erschütterung des Subjekts durch den Zweifel sollte zur Folge haben, daß erst mit Descartes' Inthronisation des Zweifels als erkenntnistheoretischen Ecksteins der modernen Wissenschaft eine neue, für die gesamte Neuzeit bis heute sich technisch und zivilisatorisch explosiv entfaltende Sicherheit gewonnen werden konnte.

Michel de Montaigne aber stand zeitlich im Umbruch der Epochen des Mittelalters und der Neuzeit. Er lebte geographisch im militärischen Niemandsland, so daß er – es galt seit 1562 für die längste Zeit seines Lebens, erst 1594 endete die konfessionelle und dynastisch-machtpolitische Auseinandersetzung zwischen Katholiken und Hugenotten, zwischen Valois und Bourbonen – bitter von sich berichtete, daß *ich im Mittelpunkt aller Wirren der französischen Bürgerkriege wohne*[360]. Er rettete sich und sein Haus nicht mit wechselnder oder bedingungsloser Parteinahme durch die Kriegswirren, sondern mit möglichst weitgehender Unabhängigkeit zwischen den Parteien und dem offenen Rückzug nach Montaigne: *Ich versuche, diesen Winkel aus den öffentlichen Wirren herauszuhalten, wie ich es mit einem anderen Winkel in meiner Seele tue... ich für mein Teil rühre mich nicht.*[361]

Er blickte, während diese Ergänzung 1592 zur persönlich-politischen

Die Ermordung des Herzogs Heinrich von Guise, 23. Dezember 1588.
Zeitgenössischer Kupferstich

Überlebensstrategie niedergeschrieben wurde, bereits auf *gute dreißig Jahre*[362] Krieg zurück und legte seine dialektische Defensivstrategie nicht ohne Stolz dar, denn gerade die *leichte Zugänglichkeit* vermochte *sein Haus vor den Gewalttaten unserer Bürgerkriege zu schützen.*[363] Von seinem Schloß, das seit der Modernisierung durch den Vater auf den angemessen-sicheren Stand der militärischen Verteidigung gebracht worden sein mochte, wußte er angesichts des schnellen Fortschritts in der Kriegstechnik sehr wohl, daß es, da mit Absicht von ihm nicht weiter ausgebaut und befestigt, einem Angriff kaum gewachsen sei. Seine Motive für einen derartigen persönlichen Pazifismus beruhten auf der Überzeugung, daß es einem Landedelmann nicht zustehe, sich als militärischer Verteidigungsheld aufzuspielen. Ganz abgesehen von den ruinösen Kosten, die schon deshalb falsch angelegt sein könnten, weil besonders die gut bewehrten Schlösser eine militärische Herausforderung für den Gegner darstellten und gerade wegen ihrer ambitiösen Armierung zerstört würden.

Im Umkehrschluß, der nicht zuletzt die hypertrophe Bedeutung der Ehre für den Edelmann jener Zeit einbezog, konnte die Einnahme eines nicht befestigten und nicht verteidigten Landsitzes kaum als Ruhmestat gelten – ganz im Gegenteil: *Ich mache ihnen die Eroberung meines Hauses zur Feigheit und Verräterei.*[364] Die Rechnung der doppelten Feigheit des Verteidigers und Angreifers führte zur stillen Tapferkeit in dem über Jahrzehnte bedrohten Frieden. Schließlich entwaffnete eine offensive Naivität der unterstellten Ehrlichkeit die offene Unehrlichkeit eines Angreifers auf sein Schloß wie sein Leben. Montaigne hat in höchster Gefahr mit höchster Offenlegung seiner Nichtverteidigungsfähgkeit einen zur Plünderung anrückenden und sich scheinheilig gebenden Nachbarn zur Aufgabe seiner Heimtücke gezwungen.[365]

Rettung durch Rückzug und Erhaltung statt Eroberung – Montaigne war praktizierender Pyrrhoneer bis zu dem Grad, daß er die Gesetze geachtet und befolgt sehen wollte, *nicht weil sie gerecht sind, sondern weil sie Gesetze sind*[366]. Die politische Konsequenz aus dem erkenntnistheoretischen Konservatismus war, daß revolutionäres Handeln oder auch nur Denken ihm fernlagen: *Es ist sehr leicht, eine Staatsordnung der Unvollkommenheit zu bezichtigen, denn alle menschlichen Dinge sind voll davon; es ist sehr leicht, einem Volk Verachtung für sein altes Herkommen beizubringen ... aber danach einen besseren Zustand an der Stelle dessen aufzurichten, den man gestürzt hat, das ist mehreren fehlgeschlagen, die es versuchten ... ich überlasse meine Führung willig der öffentlichen Ordnung der Welt. Glückliches Volk, das tut, was man befiehlt ... Der Gehorsam ist nie rein und ruhig in einem, der grübelt und rechtet.*[367] Ein rigoroser Legalismus, den als reaktionär zu mißachten zumindest voreilig ist angesichts der Greueltaten des Kriegs im Namen der Religion und nicht zuletzt – wie Montaigne sehr genau beobachtete – unter ihrem Vorwand, führte ihn zur Zurückhaltung nicht nur gegenüber der Politik, sondern vor allem der politischen Veränderung, deren negative Risiken er weit höher als ihre positiven Chancen einschätzt: *Nichts bedroht einen Staat ärger als Neuerungen: schon die Änderung allein gebiert Ungerechtigkeit und Tyrannei.*[368] Nur folgerichtig erschienen ihm auch die Staatsutopien Platons und Aristoteles' *als lächerlich und zur Verwirklichung untauglich*[369].

Doch hatte auch Montaigne Partei zu ergreifen, und er tat es mit einem Höchstmaß an religiöser, politischer und persönlicher Reserve. Stets bringt er die Positionen in die pyrrhonische Waage des gleichwertigen Wahrheitsgehalts. So wird sein Bekenntnis, daß die religiöse Partei, *die den alten Glauben und die alte Ordnung des Landes verficht ... die ohne Zweifel bessere und gerechtere*[370] sei, sogleich mit der persönlichen Rache und Habsucht jener verrechnet, die den Glaubenskonflikt nutzen, um *ihre Leidenschaften alle Schranken der Vernunft überschreiten*[371] zu lassen.[372]

Sein Zorn gilt dem Zwang der Zuordnung zu einer Partei, so daß die individuelle Person hinter dem Hugenotten oder Legisten verschwindet. Darin nähert sich seine Position der Haltung des Erasmus von Rotterdam an, dessen Sinnsprüche aus den «Adagia» er häufiger zitiert und dessen Unabhängigkeit eines «homo pro se» ihm höchst nachahmenswert erschienen sein dürfte.

Diese Behauptung der Person jenseits der Parteien bestimmte auch seine Haltung im Umgang mit den jeweils politisch Mächtigen – nicht zuletzt den französischen Königen und ihren Gegnern. Wieder ist eine scheinbar widersprüchliche Doppelstrategie aus Offenheit und Vorbehalt im Spiel, wenn Montaigne einerseits die *Ungezwungenheit,* sogar eher *lästig und linkisch als schmeichlerisch und unaufrichtig* aufzutreten, auch den Großen gegenüber[373] aufrechtzuerhalten beansprucht.[374] Andererseits besteht er darauf, diese für die Zeit der phrasenhaften Rhetorik und verdeckt-intrigenreichen Diplomatie so seltene Direktheit nicht mit der Preisgabe seiner Person ans machtpolitische Spiel zu verwechseln, denn gerade *am Königshof und im Gewimmel ziehe ich mich in mich ein und ducke mich in meine Haut*[375]. Der neue Adel seiner Familie, den er häufig in fast kindlichem Stolz herausstellt, gewährt ihm jedoch gegenüber den Königen Frankreichs, denen er dient, ohne sich bezahlen zu lassen – dies ist eben die freie Treue des Edelmanns –, ein nicht geringes Maß an Unabhängigkeit, denn die Fürsten *haben unrecht, von einem freien Manne die gleiche Erbötigkeit zu ihren Diensten und die gleiche Ergebenheit zu fordern wie von ihren Kreaturen und Söldlingen*[376]. Nicht ohne sein neuaristokratisches Standesbewußtsein läßt er wissen, daß ihm der Hof mit seinen Intrigen als Machtzentrum nicht zuwider ist, er sogar die großen Gesellschaften gern aufsucht und sich gelegentlich den öffentlichen Geschäften hingibt. Doch es muß stets aus freier Wahl geschehen – die Rückeroberung der Welt in der politischen Aktion schließt die Rückversicherung auf die geistige und materielle Unabhängigkeit ein: *Ich werde lieber meinem Geschäft als mir selber untreu.*[377]

Schließlich gewinnt und behauptet die ethische Unabhängigkeit eine letzte Rückzugsbastion, da *wir allen Königen ohne Unterschied Untertänigkeit und Gehorsam schulden, denn diese gehen ihr Amt an; Verehrung aber, und noch mehr Zuneigung, schulden wir nur ihren Tugenden*[378]. Weltliche Macht erlischt mit dem letzten Atemzug des Machthabers. Exakt in diesem Augenblick gewinnen seine Untertanen die Freiheit zurück, als richtende Nachwelt zwischen der Autorität des Amtes, das unantastbar auf den genealogisch korrekten Nachfolger übergeht, und dem Anstand der Personen zu unterscheiden. Montaigne ermuntert gerade jene, die auch im unwürdigen Herrscher dessen Amtshoheit im Schweigen achteten, nach dessen Ableben die eventuell notwendige Aburteilung nicht zu versäumen, damit in der letzten Instanz des zeitübergreifenden Urteils das moralische Kriterium nicht zu kurz kommt, zumal ein solches negatives Urteil nicht mehr oder nur indirekt einen politischen Schaden für die Herrscherwürde bewirken kann, sondern allenfalls noch den «entmachteten» Menschen trifft. Es mag sein, daß mancher der engsten Königsdiener das Ableben des unwürdigen Herrschers gerade wegen dessen unmenschlicher Amtsausübung nicht mehr lebend erreichte. Das war ein Risiko, das Montaigne realistisch-nüchtern den Günstlingen bei Hofe nicht abgenommen oder verringert sehen wollte, das jedoch für ihn wesentlich geringer wog als die Gefahr, das Königtum selbst bedroht zu sehen. Den Anspruch auf revolutionären Umsturz auch gegenüber dem willkürlichsten Herrscher opferte er ohne Einschränkung der Freiheit zu seiner postumen Aburteilung und wählte doch für sich selbst die Variante, zu Despoten auf Distanz zu gehen.

Wie aber hielt es Montaigne als Bürgermeister von Bordeaux selbst mit der Macht, und mit welchem politischen Geschick hat er sie gehandhabt? Unanfechtbare Amtsausübung und amtsunabhängige Integrität wurden zwar auf Zeit verbunden, waren jedoch einer prinzipiellen Rangordnung ausgesetzt: *Der Bürgermeister und Montaigne waren immer zwei, klar und säuberlich voneinander geschieden.*[379] Im Zweifels- bzw. Konfliktfall hatte *das geistige Vermögen des Kaisers über seinem Reich zu stehen*[380]. Doch Kaiser, König und Adel seiner Zeit folgten einer radikal entgegengesetzten Wertordnung, die den Umsturz der traditionell stabilen Werte von Königstreue, Glaubensgehorsam und Ehrenwort des Edelmanns einschloß.

Das Januar-Edikt von 1562 eröffnete den Protestanten erstmals größere Freiheiten für ihren Gottesdienst. In Vassy machte daraufhin der Herzog François von Guise eine betende Gemeinde der Hugenotten nieder, worauf das Chaos der acht Religionskriege seinen Lauf nahm. Der Herzog von Guise wurde 1563 bei Orléans ermordet. Das war der Beginn der politisch-religiösen Attentatsserie bis zu Heinrichs IV. Ermordung 1610. Im Jahre 1572 veranstaltete Katharina von Medici die Bartholomäusnacht als Massenmassaker anläßlich der Hochzeit Heinrichs von Navarra mit ihrer eigenen Tochter Margarete von Valois, in der die Protestantenführer Admiral Coligny und 8000 Protestanten (geringste Schätzung) im Lande starben. Heinrich von Navarra stieg zum neuen Parteiführer der Protestanten auf, die Guisen gründeten die Katholische Liga, Hilfstruppen der Hugenotten drangen unter Johann Kasimir von der Pfalz aus Deutschland herein, Philipp II. von Spanien drohte mit dem Einmarsch der Truppen unter Alba. Auf den kurzlebig-schwärmerischen Franz II., der mit der Heirat mit Maria Stuart Anspruch auf die Krone Englands gegen Elizabeth I. erhoben hatte, folgte 1560 der zweite Sohn Katharinas

Philipp II. Gemälde von Allonso Sanchez Coello

von Medici, Karl IX.. Er lebte seine dominant physische Tatkraft in einer Schmiede aus, schwankte zwischen den religiösen Parteien jedoch diplomatisch hilflos hin und her. Sein Nachfolger war 1574 Heinrich III., der Lieblingssohn Katharinas, mit dem Elizabeth von England Verlobungsringe wechselte und dessen homosexuelle Neigungen für eine fabulöse Günstlingswirtschaft am Hofe, nicht jedoch für eine stabile Erbfolge der Valois sorgten. Katharina von Medici dagegen hatte der französischen Nation vier Erben geschenkt. Der vierte, François, Herzog von Alençon, starb überraschend 1584, so daß der Übergang der Krone von den Valois auf die Bourbonen und damit vom Katholizismus auf den Calvinismus drohte.

In die Jahre 1584 und 1585 fällt Montaignes politische Herausforderung als Bürgermeister von Bordeaux. Die erste Amtszeit von zwei Jahren – einschließlich einer diplomatischen Reise nach Paris – hatte er so unauffällig-achtsam absolviert, daß es zur Wiederwahl bis zum 31. Juli 1585 kam, zumal er im *Bewahren und Erhalten*[381] der Ordnung seine Amtsauf-

François Herzog von Alençon.
Kupferstich von P. à Gunst
nach einer Vorlage
von Adrian van der Werff

Heinrich IV.

gabe sah. Der Tod des vierten Valois-Thronprätendenten ließ die Heilige Liga der spanisch-katholisch orientierten Guisen wieder aufleben, weshalb Heinrich III., um die Krone Frankreichs in ihrer legalistischen Stärke nicht anzutasten, die Annäherung an Heinrich von Navarra suchte. Bedingung des Geschlechterwechsels der Krone war der erneute Konfessionswechsel des Bourbonen zum Katholizismus. Am 19. Dezember 1584 war Heinrich von Navarra erstmals zu Gast auf Schloß Montaigne. Auf Vermittlungsbemühungen Montaignes kam es am 6. Juni 1585 zur Begegnung zwischen dem königlichen Gouverneur von Guyenne, Marschall von Matignon, und Heinrich von Navarra, um die Machtergreifung der Liga in Bordeaux zu verhindern, wozu Montaigne durch Ausschaltung des ligistischen Kommandanten Vaillac auf der Stadtfestung Trompette nicht wenig beigetragen hatte. Am 1. August 1585 übernahm Matignon das Bürgermeisteramt der Stadt Bordeaux von Montaigne, der wegen der seit Juni in der Stadt wütenden Pest[382] (14 000 Tote) mit seinem Nachfolger in dem Marktflecken Feuillas nahe von Cenon zur Amtsübergabe zusammentraf.

In diesen Vermittlungsbemühungen wurde Montaigne zum Mitspieler auf dem Schachbrett der nationalen Machtkämpfe. Bordeaux zählte zu den reichsten Städten des Landes und war wegen seiner aus dem Hundertjährigen Krieg resultierenden England-Zugewandtheit (nicht zuletzt im Weinhandel) keine unzweifelhaft loyale Stadt der französischen Krone. Über seine Vermittlungen hat Montaigne in den *Essais* gesprochen als *den wenigen Verhandlungen, die ich inmitten dieser Parteiungen und Unterparteiungen, von denen wir heute zerrissen sind, zwischen unseren Fürsten zu führen hatte*[383]. Sie galten ihm als Beispiel für den politischen Erfolg seiner persönlichen Offenheit, da er, der sich als *argloser und unerfahrener Unterhändler*[384] verstanden wissen wollte, sich klar und unverstellt ausdrückte, um nicht mißverstanden zu werden und auch seine Glaubwürdigkeit als Person nicht einzubüßen. In realistischer Trauer über sein Zeitalter der offiziell anerkannten Verstellungskunst, die er prinzipiell verabscheut, will er auch *der Betrügerei nicht ihren Rang bestreiten*. Es ist eine bittere Nüchternheit gegenüber seiner in ihren Werten «verkehrten» Epoche, daß *es rechtmäßige Missetaten gibt, wie es teils gute, teils entschuldbare Taten gibt, die unter Strafe stehen*[385]. Bei aller persönlichen Ablehnung Machiavellis, an dieser Verbeugung vor dessen richtiger Zeit- und Machtanalyse kommt Montaigne nicht vorbei.

Im übrigen bilanziert er seine Amtstätigkeit als eine Periode der konsequenten Ruhestiftung, denn *ich würde lieber einen Aufruhr ersticken, ohne selber in Aufruhr zu geraten, und ihre Unordnung bestrafen, ohne den Gleichmut zu verlieren*[386]. Es dürfte ihm gelungen sein, seinem Prinzip des minimalen Machtgebrauchs bei maximaler Bürgerruhe treu geblieben zu sein, denn die Bürgerschaft zeigte sich ihm mit *allen nur er-denklichen Mitteln*[387] erkenntlich, während und auch nach seiner Amtszeit. Entscheidend aber war, daß auch er, der zwei Jahre vor der Krönung Heinrichs IV. starb und den Ausgang des vielfältigen militärischen Kräftespiels der Nation nicht absehen konnte, schon ein Jahrzehnt vorher für Bordeaux und sich die zukunftsträchtige Option des sich in seiner Legitimität behauptenden und eine Generation später zum Absolutismus ausbildenden Königstums wählte. Dies war eine nicht konfessionell-internationale, sondern royalistisch-französische Entscheidung, die ihm die persönliche Nähe zu Heinrich III. und Heinrich IV. gleichermaßen um so mehr gestattete, als diese ihre Annäherung zur Rettung der Krone betrieben.

Diese turbulente Umbruchsphase Frankreichs hat Montaigne als Zuschauer und Zeitzeuge auch nach seiner Amtszeit als Bürgermeister genau beobachtet – nicht selten aus nächster Nähe. Am 20. Oktober 1587 errang Heinrich von Navarra bei Coutras einen glanzvollen Sieg über Heinrichs III. Günstling Joyeuse, der in der Schlacht fiel. Der spätere König dinierte vier Tage später als persönlicher Gast Montaignes auf dessen nicht fernem Schloß (ohne allerdings wie im Dezember 1584 vier Tage

Ball am Hof Heinrichs III.

Die Bastille zu Paris. Radierung des 18. Jahrhunderts

zu bleiben, im Bett von Montaigne zu schlafen, von ihm selbst bewirtet zu werden und in seinen Wäldern zwei Tage lang einen Hirsch zu jagen. Seine Begleitung von mehr als vierzig Edelleuten bezog in den umliegenden Dörfern Quartier. Montaigne führt ihre Namen im sonst spärlichen Tagebuch der *Ephémérides* exakt auf.[388]) – Diesmal hatte der König es eiliger, er wollte die 22 bei Coutras erbeuteten Fahnen seiner Geliebten bringen, der «schönen Corisande d'Andouins», der verwitweten Gräfin von Gramont und Guiche.

Doch im folgenden Jahr 1588 war Montaigne wieder in Paris. Er brachte die vierte Ausgabe der *Essais* mit dem erstmals veröffentlichten dritten Teil und zahlreichen Nachträgen heraus. Er verließ die Stadt mit dem nach Chartres und Rouen am «Barrikadentag» (12. Mai 1588) vor den Guisen fliehenden König Heinrich III. So war seine Arretierung am 10. Juli 1588 in der Bastille für einige Stunden kein reiner Zufall – auch wenn Michel Marteau auf Veranlassung Katharinas für eine schnelle Freilassung sorgte. Paris war zu jener Zeit im Aufstand gegen den König, und der erwiesene Verfechter der königlichen Legitimität wich nicht ungern zu seiner «Adoptivtochter» und der späteren Herausgeberin der *Essais*

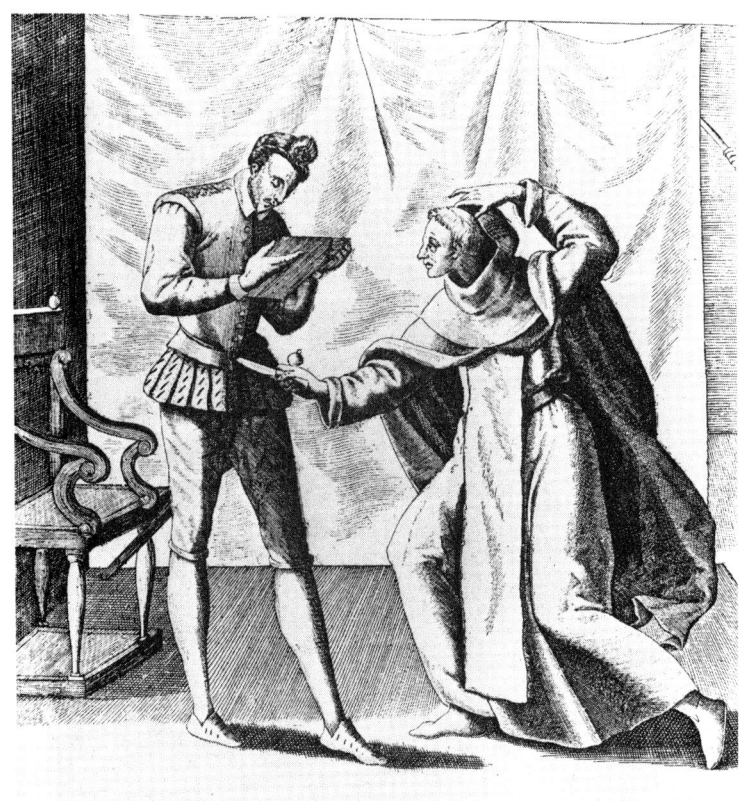

Die Ermordung Heinrichs III. durch den Mönch Clément.
Kupferstich des 16. Jahrhunderts

Marie le Gors, Fräulein von Gournay (1565–1645) in die Picardie aus.
Deren späterer Editionseifer steht ebenso wie der des *Essais*-Autors in
seltsamem Widerspruch zu Montaignes vorgeblicher Absicht, sich der
Drucktechnik nur aus schreibtechnischer Bequemlichkeit zu bedienen,
da er *mit der Öffentlichkeit... weiter nichts zu schaffen*[389] habe.

Im Oktober war er in Blois, wo Heinrich III. zunächst die Unterstüt-
zung der Generalstände zu erhalten suchte und sodann im Schloß in einer
verzweifelten Befreiungsaktion Heinrich von Guise und dessen Bruder,
den Kardinal Ludwig, hinschlachten ließ. Vor der Armee der Liga, angeführt vom Herzog von Mayenne, dem letzten der drei Brüder Guise, der
nun offen für einen Kronprätendenten der Guisen-Partei, Karl X.,

kämpfte, floh Heinrich III. zu Heinrich von Navarra ins Feldlager von Saint-Cloud vor Paris. Dort wurde der letzte Valois-König am 1. August 1589 von dem Dominikanermönch Jacques Clément ermordet. Somit ging im 200. Jahr vor der Französischen Revolution die französische Krone auf die Bourbonen über. Heinrich von Navarra konnte sie jedoch erst nach weiteren fünf Kriegsjahren und einem erneuten Religionswechsel im legalistischen Akt der Krönung von Saint-Denis unangefochten übernehmen. Doch bereits im Laufe des Jahres 1589 war, sicher auf Initiative Montaignes, ein Briefwechsel mit Heinrich IV. in Gang gekommen. In dessen Verlauf knüpfte der Royalist aus dem Périgord ganz unmittelbar an seine Dienstbarkeit als königlicher Kammerherr an, zumal Frankreich in dem Bourbonen aus Navarra nun einen neuen König hatte. Am 30. November 1589 hat der König aus Tours geantwortet und höchst wohlwollend zum Ausdruck gebracht, er würde gern Montaigne in seiner Nähe sehen, ohne dessen Funktion schon festzulegen.

Montaigne, der zu diesem Zeitpunkt auf seinem Schloß lebte, hat mit Datum des 18. Januar 1590 geantwortet – ob der Brief den König erreichte, ist ungewiß. Es ist ein Schreiben von streng geformter Hofstilistik, die Montaigne jedoch nicht hinderte, eine Art politisches Testament dem zwanzig Jahre jüngeren Herrscher zuzumuten. Er ermahnte ihn nach dem jüngsten Sieg in Dieppe, auf *Milde und Großherzigkeit*[390] als die wahren königlichen Tugenden zu setzen und seinen Feinden nicht weniger als seinen Freunden Gelegenheit zu geben, ihn als Herrscher zu *lieben*[391]. Auf den königlichen Wunsch, ihn in seiner Nähe zu sehen, ihn, der dem König noch stärker als aus *Pflicht* aus *Zuneigung*[392] zugehörig sei, antwortete Montaigne mit der Bitte, auf sein Alter Rücksicht zu nehmen und ihn nur an einen Ort zu rufen, wo er *ein wenig Ruhe*[393] finden könne vor unruhigen Zeitläuften. Dieser Ort, so betont der Schloßherr im fernen Périgord, sollte Paris sein, wohin er zu eilen nicht zögern werde. Es war eine maßvoll diskrete Absage, allenfalls eine Zusicherung für die Zukunft, denn Heinrich IV. durcheilte mit seiner Armee zwar die Normandie, doch der militärische Weg nach Paris oder gar ins Innere der Kapitale war noch nicht frei.

Während Heinrich IV. erst sein Königreich eroberte, bestellte Montaigne bereits endgültig sein Haus. Er verheiratete seine einzige – *im Wachstum zurückgebliebene*[394] – Tochter Léonore mit François de la Tour (die Enkelin Françoise de la Tour wurde 1591 geboren). Und er verschaffte seinem Geschlecht, dessen männliche Linie und das heißt nach dem salischen Recht des Königstums dessen junge Adelskette mit ihm abriß, eine Fortsetzung in der Existenz des Geistes, da mit dem Ausbleiben des männlichen Erben sein Geschlecht *dahinging, ohne Lärm und Aufregung zu erregen*[395].

Menschenfleisch bratende Indianer in Brasilien.
Kupferstich von Theodor de Bry, 1593

Doch mit wieviel bitterer Trauer und unerfüllter Friedenssehnsucht er als Bürger und Bürgermeister auf seine Zeit des wütenden Bürgerkriegs geschaut hatte, verriet sein politisches Kontrastbild eines utopischen Zerrspiegels, den er der Kriegsfratze der Religionskämpfe vorgehalten hat – eben mit den *Menschenfressern,* die ihm zu den wahren Menschen geworden waren.

Im 16. Jahrhundert der großen Entdeckungsreisen gelangte auch der Franzose Nicolas Durand de Villegaignon 1557 nach Brasilien, übrigens um im Auftrag des Admirals Coligny verfolgten Calvinisten in einer südamerikanischen Kolonie einen unbedrängt-modellhaften Freiraum für ihre Konfession zu schaffen. Montaigne hatte bereits 1562 in Rouen, wohin er der Armee Karls IX. gefolgt war[396], Gelegenheit, erste Eindrücke über jene *Wilden* oder *Menschenfresser (Des Cannibales)* zu sammeln, die er später um genauere Informationen von Villegaignons Reisebegleitern und sogar Originalgegenstände aus Südamerika ergänzte. Er entdeckte aus großer geographischer Ferne die größte staatstheoretische Nähe. Jene *Barbaren,* die weder Geld noch Staat, weder Schrift noch Verrat kennen, leben bereits in dem *Goldenen Zeitalter,* das ungerechterweise seinen antiken Erfindern von Lykurg bis Platon[397] die Geschichte vorenthielt. Dagegen wird es nun in seinem *ungeheuerlichen Abstand*[398] den wahren Barbaren des Bürgerkriegs als Idealbild einer verlorenen Reinheit vorgehalten. Auch sie, die keine Eroberung aus Besitzgier und keine Diplomatie der Verstellung kennen, praktizieren Krieg, doch lediglich um der *Tapferkeit gegen die Feinde und der Liebe zu ihren Frauen*[399] willen. Sie töten auch ihre Feinde, ja verspeisen dieselben in grandiosen Festmählern. Aber nur dem *Wetteifer der Tapferkeit*[400], des Mutes, ja der bis in den Tod unangefochtenen Freimütigkeit gilt ihr Leben und Sterben. Sie sind ganz eingebettet in die Natur – in ihre *wahren, tauglicheren und ursprünglicheren Kräfte und Eigenschaften*[401].

Grenzenlose Vergnügungssucht und verdorbener Geschmack haben die Natur und ihre harmonisch-humanen Gesetze in der europäischen Zivilisation der Hochrenaissance überlagert, doch *ziemt es sich nicht, daß die Kunstfertigkeit unserer großen und mächtigen Mutter Natur die Ehre streitig mache*[402]. In dieses harmonische Gesetz der Natur, von dem der Mensch sich in seiner ungesetzlichen Unmenschlichkeit selbstverschuldet auszuschließen droht, ist außer dem von der Zivilisation unzerstörten *Wilden* nur noch das Tier einbezogen. Ihm fühlt Montaigne sich als unter *einerlei Gesetz und einerlei Los*[403] stehend enger verbunden als der Mehrzahl seiner Zeitgenossen. In Gegensatz zu Descartes, der dem Tier allenfalls die perfekte Mechanik der Maschine zugestehen wird, stellt sich Montaigne neben seine Katze als einen gleichrangigen Partner der Natur und unterstellt ihr, wenn er mit ihr spielt, das Recht des paritätischen Umgangs: *Wer weiß, ob sie sich nicht mehr noch die Zeit mit mir vertreibt, als ich mit ihr?*[404]

In einem ebenso logischen wie fragwürdigen Umkehrschluß wird dem Tier mindestens so viel Vernunft zugesprochen wie dem Menschen, dessen Hochmut auf seine Einmaligkeit als völlig unangebracht gerügt wird. Denn *die Natur hat alle ihre Geschöpfe mit gleicher Mutterliebe umfaßt*[405], und der Mensch, wenn er denn aus ihr wie aus einem zweiten Paradies sich leichtfertig entfernt hat, wäre wieder *in die Schranken dieser Ordnung zu weisen und zu zwingen*[406]. Bei dieser fast predigerhaften Appellation an den *fraglosen Gehorsam*[407] mangelt es Montaigne nicht an höchst natürlichem Zorn, obgleich er doch häufiger eine moralische Zielsetzung seines Buches bestreitet: *Ich lehre nicht, ich berichte.*[408]

Denn in der Natur findet er nicht nur die Kraft, dem Leben bis in den Tod den einzig richtigen Rhythmus zu geben, sondern auch das Kriterium, die höchste Macht im Staat von der Natürlichkeit ihrer Basis aus richtig zu bewerten: *Und auf dem höchsten Thron der Welt sitzen wir doch nur auf unserem Hintern.*[409]

Heimkehr in die Natur: Der Tod

Im fernen Brasilien, wo 1557 Villegaignon landete und bei den *Menschen-fressern* zwar eine *Unerschütterlichkeit im Kampfe, der niemals ohne Mord und Blutvergießen endet*[410], jedoch auch niemals *den Verrat, die Treulosig-keit, die Tyrannei, die Grausamkeit, die unsere gewöhnliche Fehler sind*[411], entdeckte, war die Natur so rein, wie es die reinsten gesellschaftskritischen Wünsche Montaignes nahelegten. Sie war dort noch ebenso unverhüllt und unzerstört wirksam wie im hochzivilisierten Frankreich nur an den entlege-nen Orten des «Abtritts», so selbst die königliche Herrschaft keinen fal-schen Auftritt zu inszenieren vermochte. Montaigne, der sich diese derbe Aufrichtigkeit nicht zufällig im letzten seiner *Essais* kurz vor dessen Ende leistet, ist damit auch zu jener letzten Instanz zurückgekehrt, der er im Leben und nicht zuletzt im Sterben den höchsten Rang zuweist – der Natur. Ist vielleicht, so fragt Montaigne in letzter Zuspitzung, nicht das Leben, sondern der Tod *das höchste Gut der Natur*[412]? Nur sie, die wirksam bleibt, wenn die Maske gefallen und die Macht vergangen ist, vermag im Rhyth-mus ihres ewigen Entstehens und Vergehens die Gnade zu gewähren, ihn *völlig mit dem Tode auszusöhnen und zu befreunden*[413]. Dazu haben vor allem auch die Nierensteine mit ihrer Androhung des Todes in der Qual der wiederkehrenden Kolikschmerzen beigetragen.

Diesen Zustand der Todesnähe, ja sogar der Freundschaft mit ihm zu erreichen, eben als vollkommene Form des Existierens, ist Montaigne nicht erst 1571 seit dem Rückzug in den Turm und auch nicht erst 1585 seit seinem Rückzug vom Bürgermeisteramt bestrebt, als die Pest ihn und seine Familie zum sechsmonatigen Verlassen seines Schlosses zwang.[414] In seiner Region starben an der Seuche 99 von 100 Einwohnern. Für Mon-taigne wird die Annäherung an den Tod die erste und letzte Triebkraft seines Lebens, Denkens und Schreibens, so daß er früh – spätestens seit dem Tod La Boëties im Jahre 1563 – zu der von Cicero entlehnten und später einen seiner wichtigsten *Essais* schon im Titel kennzeichnenden Maxime gefunden haben dürfte: *Philosophieren heißt sterben lernen.*[415]

Nicht nur der Tod La Boëties hat Montaigne früh, als beider männliche Kraft in voller Entfaltung stand, an das abrupte Ende des Lebens denken

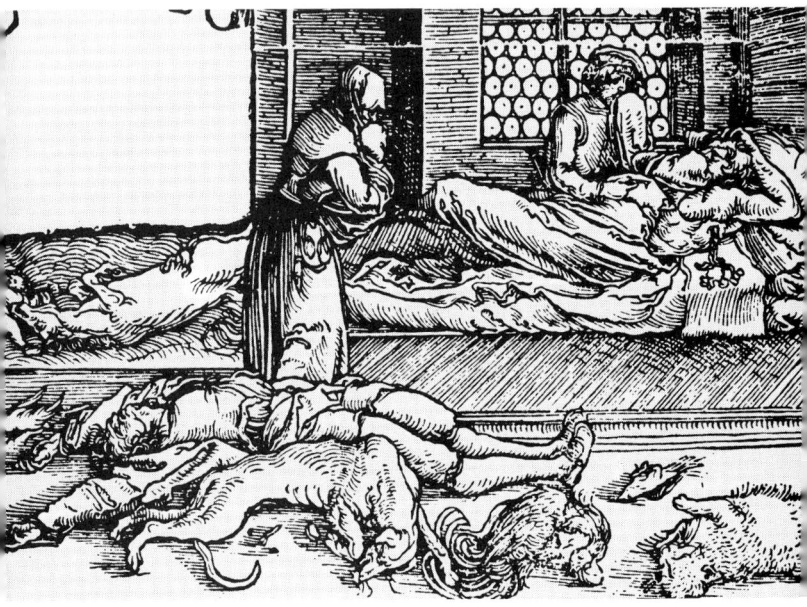

Die Pest bringt den Tod ins Haus. Holzschnitt des 16. Jahrhunderts

lassen. Es waren gerade diese Extreme von höchster Vitalität und deren totaler Vernichtung im Tod, die eine besondere Anstrengung des Zusammendenkens, ja gleichzeitig fühlenden Vorstellens verlangten. Denn die scheinbar weiteste Abwesenheit des Todes im unbekümmert-ausgelassenen Treiben eines Festes stellt auch die größte Gefahr für das Individuum dar, seinem Tod, der jeden Augenblick auftreten kann, nicht gewachsen zu sein. Die Rückkehr aus der reinen Freude in die Gewißheit des absoluten Endes wäre zu weit und dauerte zu lang, um das *Sterbenlernen* noch philosophisch leisten zu können. Deshalb hat Montaigne stets die geistig-sinnliche Nähe des Todes gesucht – nicht zuletzt in Augenblicken seiner scheinbar unendlichen Ferne: *Es gibt nichts, womit ich mich von jeher mehr beschäftigt hätte, als mit der Vorstellung des Todes... selbst inmitten der Frauen und Spiele.*[416] Mag er auch Mitfeiernden nur aus Eifersucht geistig abwesend erscheinen, anwesend ist ihm das Bild eines Bekannten, der wie er, erhitzt von einer Festlichkeit kommend, an einem Fieber starb. Voll Todesklugheit nicht nur als kulinarischer Pointe, den Genuß mit dem Kontrastbild der abrupten Genußunfähigkeit in höchstem Maße zu steigern, erscheint ihm der aus der Antike überlieferte Brauch der Ägypter, nach dem Gastmahl ein großes Bild des Todes hereintragen zu lassen, dessen Träger riefen: *Trink und sei fröhlich, denn tot wirst du sein wie dieser.*[417]

Es ist eine Dialektik des Todes zugunsten des Lebens – *Ich deute immer den Tod aus dem Leben*[418] –, derer sich Montaigne bedient, nicht eine Aporie des Lebens, die zur Flucht in den Tod verleitet. Mit kühler Ablehnung schaut er auf die ihm aus Ostindien zugetragenen Beispiele eines religiösen Freitods, die in fanatischer Hingebung bei der Prozession eines Götzenbildes vollzogen werden, wenn *zahlreiche... sich unter den Rädern zermalmen und zerquetschen lassen, um dadurch nach ihrem Tod Verehrung als Heilige zu gewinnen*[419]. Mit indirekter Präzision trifft sein Verdikt die Fülle der christlichen Märtyrer sowie die Jenseitsgläubigkeit der alt- wie neuchristlichen Konfessionen, denen das Leben nur eine lästige Durchgangsstation ins himmlische Reich Gottes wie ins selige Nichts darstellt. Montaigne nimmt dagegen das Leben tödlich ernst. Es ist der Ernst, der den Tod als letzte Grenze jeden Lebens anerkennt und mit dieser Grenze des Todes das Leben auf seine einzige Chance der nutzbaren Zeit zwischen Geburt und Tod verweist: *Es steht nur denen zu, sich des Sterbens nicht zu grämen, die sich des Lebens freuten.*[420] Aus dem Respekt vor dem Tod erfährt das Leben seinen Rang.

Doch den Tod, darin liegt das philosophische Ärgernis wie die individuelle Aussichtslosigkeit, begrifflich wie emotional unter Kontrolle zu bringen, *können wir nur einmal erfahren; wir sind alle Lehrlinge, wenn wir vor ihn treten*[421]. So steht auch Montaigne vor der so unlösbaren wie unabweisbaren Schwierigkeit, jenen letzten Akt des Lebens lernen zu wollen, ohne ihn lernen zu können. Auch er ein ewiger Lehrling vor dem Tode, vermag er einzig durch Simulation und Annäherung jene Vertrautheit mit dem Tode zu erreichen, die ihm am ehesten ein Sterben als Legitimierung des Lebens zu gewährleisten scheint. Sokrates ist ihm vor allen – noch vor Cato mit seinem heroischen Selbsttopfer – das bewunderte Vorbild.[422] Dieser bewährte in der Gelassenheit der letzten Stunde sein Leben wie dessen ethische Maximen an sich selbst, an dem gelingenden Übergang von Existenz und Nichtexistenz: *Jeder Tod muß seinem Leben gleichen.*[423]

Damit ist der Tod nicht ein beliebiges, quantitativ gleichwertiges Abschlußstück der individuell zugemessenen Lebenszeit, sondern die große und letzte Bewährung des Lebens, mit der das Individuum sich im Tode erhöhen oder in seinem Wert mindern kann. Es ist deshalb nicht nekrophile Neugier, wenn Montaigne bekennt, sich *so gerne zu erkundigen nach dem Sterben der Menschen, und welches dabei ihre Worte, ihre Mienen und ihre Gebärden waren*[424]. Vielen Menschen seiner Zeit wie besonders der griechisch-römischen Antike, deren Heroen ihm Plutarch herangerückt hat, legt er den Maßstab der Bewährung des Lebens im Tode an und fällt ganz unhierarchische Urteile. Das *gemeine Volk* bewundert er in seiner *Standhaftigkeit*, denn die einfachen Leute *ordnen ihre häuslichen Angelegenheiten, verabschieden sich von ihren Freunden, singen, predigen und reden zur Menge*[425]. Dagegen weiß er nicht nur von römischen wie zeitgenössischen Adeligen, sondern – ein *noch ärgeres Beispiel* – auch von *einem unserer Päpste* (gemeint war der aus Frankreich stammende Johannes XXII. – 1245–1334) zu berichten, daß sie *zwischen den Schenkeln der Weiber*[426] gestorben sind (angesichts des Alters von 89 Jahren ein gewiß seltenes, aber leidlich zuverlässig überliefertes Faktum). Eine etwas seltsame Hochachtung bringt er Possenreißern entgegen, die unter dem Galgen oder bei der letzten Ölung als letztes Wort eine harmlose oder derbe Pointe über die Lippen brachten.[427]

Die Schwierigkeit, dem Tod mit der richtigen Haltung zu begegnen, wird dadurch erhöht, daß er in jeder Stunde eintreffen und jede Stunde die richtige sein kann: *Niemand stirbt vor seiner Stunde.*[428] Montaigne stellt angesichts des frühen Todes von Jesus Christus, Alexander dem Großen oder seinem Bruder Arnaud de Montaigne, der 1564 im Alter von 23 Jahren innerhalb von sechs Stunden starb, nachdem er im Ballspiel am Kopf getroffen worden war[429], keine Fragen der Theodizee. Denn das Ärgernis einer Ungerechtigkeit Gottes ist gleichsam der fatalistischen Gerechtigkeit des reinen Lebensvollzugs gewichen: *Wo immer nur Leben endet, da ist es ganz vollendet.*[430] Doch damit auch die Vollendung des letzten Augenblicks gelingt, sind für Montaigne Simulation und Annäherung zwei so philosophische wie persönlich-empirische Techniken, den Tod in seiner ungewissen Gewalt dennoch abzuschätzen. Bietet schon der Schlaf die tägliche Chance, im Halbbruder des Todes seine Ähnlichkeit zu erleben[431], so führt die Ohnmacht, die gewaltsam herbeigeführte Bewußtlosigkeit, noch tiefer in das Geheimnis des Todes. Der ungewollte Schlaf an der Grenze zum Nichtmehrerwachen erlaubt, wenn denn die Rückkehr glücklich gelingt, die Erinnerung an eine dem Tod ähnliche, sehr weite Entfernung aus dem Leben.

Diese simulierte Entrückung aus dem Leben ohne Ankunft beim Tode, gleichsam in kürzester Zeit ein Vorlaufmodell auf das Ende des Lebens, erlebte Montaigne bei einem Reitunfall während der ersten Religionskriege. Er war sich des Übungscharakters im Umgang mit dem Tod sofort bewußt, denn er führt den psychischen Prozeß der Bewußtlosigkeit wie einen sehr wertvollen Erfahrungsbeleg in seine Theorie des natürlichen Todes ein. Man sei ausgeritten, er, der kundig-leidenschaftliche Reiter, auf einem kleinen Pferd, da keine Gefahr zu drohen schien. Doch nah seinem Schloß habe einer seiner Leute, ein grober, ungeschickter Kerl, zudem noch auf einem mächtigen Hengst, ihn stracks umgeritten. Sein Pferd habe ebenso betäubt am Boden gelegen wie er selbst, er im Gesicht verletzt, sein Degen weggeschleudert, sein Körper *ohne alle Bewegung und Empfindung, nicht mehr als ein Holzklotz*[432]. In dieser, seiner ersten Ohnmacht hätten seine Leute ihn in der Annahme, er sei tot, nach Hause getragen, wo er nach zwei Stunden Bewußtlosigkeit wieder zu sich gekommen sei und *einen ganzen Eimer schierer Blutklumpen*[433] gespuckt habe, bis das Leben langsam zurückgekehrt sei. Der gewaltsam und zeitlich abrupt herbeigeführte Zustand der Entrückung aus dem Leben erschien ihm von so forttragender Entrückheit, daß bei der Rückkehr des Bewußtseins die *ersten Empfindungen dem Tode weit ähnlicher waren als dem Leben,* ja das Leben selbst *nur noch am Rande meiner Lippen schwebte.*[434] Und doch fehlten Erschrecken und Todesangst völlig. Einzig emotional anwesend war vielmehr *eine Lust, mich der Mattigkeit hinzugeben und mich gehen zu lassen*[435], denn die Gefühlslage erwies sich nicht nur *frei von allem Unbehagen, sondern von jener wohligen Süße durchdrungen, die einer empfindet, der sich in den Schlaf gleiten läßt*[436]. In den Hintergrund dieses Berichts tritt die Freude über den glücklichen Ausgang des fast tödlichen Unfalls. Vorherrscht vielmehr die freudige Entdeckung, in der Begegnung mit dem Tod dessen Ähnlichkeit mit dem Schlaf sowie mit einer Schmerzlosigkeit erkannt zu haben, die im Todeskampf die Kräfte sanft erlahmen und erlöschen läßt: *Natur ist eine milde Führerin, doch nicht mehr milde als weise und gerecht.*[437]

Der schnelle Vorgriff auf den Tod erweist also dessen überschätzte Gefährlichkeit, wenn denn die erlebte Ohnmacht bis an die Grenze des Lebens führte. Jenseits des Lebens erstreckt sich das Gebiet der totalen Ungewißheit, dem Montaigne trotz oder wegen seiner konventionellen katholischen Gläubigkeit keinerlei Interesse zuwendet. Doch gerade angesichts der schwer kalkulierbaren Größe des Todes gilt, daß *wir uns auf alle Fälle nie zuviel vorsehen können*[438], weshalb der langsam-stetige Vorgriff auf den Tod das ganze Leben andauert. Leben selbst ist nichts als stete Annäherung an den Tod, einmal als banales Faktum, daß alle Tage zum Tode gehen, der letzte dort ankommt[439], zum andern als philosophisches wie pragmatisches Exerzitium, in jedem Augenblick des Lebens des Todes gewärtig zu sein. Da jedes Menschen Leben nicht nur mit dem Tod endet, sondern *das Ziel unserer Laufbahn der Tod ist*[440], gilt es, dem *letzten Prüfstein aller Handlungen unseres Lebens,* dem *Tag der Tage, dem Richttag aller anderen*[441], angemessen zu begegnen, mag auch der Schmerz des Körpers durch die Milde der Natur ferngehalten werden. Der Tatsache des Todes individuell Rechnung zu tragen, kann sich im *Ausweg des gemeinen Haufens, nicht an ihn zu denken*[442], vollziehen

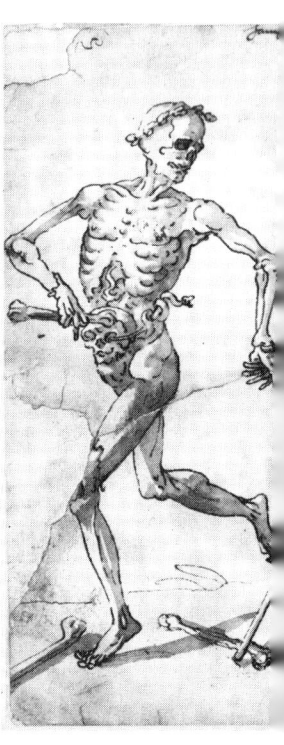

Aus dem «Prediger-Totentanz».
Lavierte Federzeichnung von Hans Bock d. Ä.

oder auf *einem dem gewöhnlichen ganz entgegengesetzten Weg, ihm stand-*
zuhalten und die Stirn zu bieten[443].

Wie die Ohnmacht des kurzfristig simulierten Endes eine körperliche
Schmerzfreiheit gewährt, so gibt die stetige geistige Nähe des Todes –
halten wir mit ihm Umgang, bedenken wir nichts so häufig wie den Tod[444] –
eine geistige Freiheit gegenüber dem Tod, die im Leben die Unabhängigkeit des letzten Blicks schafft. Montaigne verliert sich nicht in eine mystische Todessehnsucht, die das Denken dem Dunkel des unerkennbaren
Abgrunds ausliefert, das Individuum im Erschrecken starr werden läßt
und mit dem Rücken zum tätigen Leben steht. Die Konfrontation mit
dem unausweichlichen Ende verweist ihn an die unendliche Chance des
Lebens zurück, die in den höchsten Rang des einmaligen Existierens und
zugleich in die Distanz der endlichen Begrenztheit gerückt wird. Der Tod
wird dann zum Garanten für ein Leben in tödlicher Klarheit. Es erstrahlt
im Glanz des Risikos, als Individuum sich vollenden oder mißlingen zu

können, und erobert sich die erste und letzte Freiheit, alle Aktivität unter dem Vorbehalt des absoluten Endes zu sehen.[445]

Montaigne gewinnt aus dem immanenten Kräftespiel von Tod und Leben, wie sie jedes Individuum für sich selbst in einander steigernde Balance bringen muß, seine Ethik der unbegrenzten geistigen Rückzugsfreiheit bei gleichzeitig maßvoll-kluger Hingebung an das tätige Leben. So stellt sich an diesem Kreuzungspunkt seiner Denk- und Lebenslinien ein strenger und erhobener Ton des Bekenntnisses ein: *Es ist ungewiß, wo der Tod uns erwartet; erwarten wir ihn überall. Die Besinnung auf den Tod ist Besinnung auf die Freiheit. Wer sterben gelernt hat, der hat Dienen verlernt. Sterben zu wissen, befreit uns von aller Unterwerfung und allem Zwang. Das Leben hat keine Übel mehr für den, der recht begriffen hat, daß der Verlust des Lebens kein Übel ist.*[446] Die bis zum häufigen Zitat benutzte Formel, daß Philosophieren sterben lernen heiße, setzt der rechten Philosophie die Aufgabe, über den Tod hinweg eine neue Freiheit des Lebens in der Freude zu gewinnen. Daß das Leben Vorrang vor dem Tod hat, daran läßt Montaigne nicht den geringsten Zweifel, wenn er betont, daß *es das glückliche Leben und nicht... das glückliche Sterben ist, das die menschliche Glückseligkeit ausmacht*[447]. Folgerichtig ist auch nur dann die Philosophie in angemessener Weise tätig, wenn sie als Weisheit der Seele den Körper bis zu dessen Gesundheit durchdringt und sich beide dem Rhythmus der Natur anpassen, so daß am Ende *der sicherste Stempel der Weisheit ein stetiger Frohsinn ist*[448]. Gewährleistet ist dieser philosophische Frohsinn am ehesten, wenn der Mensch jeder Phase seines Lebens die ihm gemäßen Genüsse gönnt und auch das Absterben der Genußfähigkeit gelassen akzeptiert. So verstand es, darauf beruht sein höchster Selbstwert, Montaigne für sich einzurichten – entsprechend der selbst gesetzten Maxime: *Glücklicher Gang, da es der natürliche Gang ist.*[449]

Es ist eine geistesaristokratische Gelassenheit, die im Bewußtsein der permanenten Preisgabe an den Tod die aktuelle Parteinahme für politische oder konfessionelle Fraktionen stets unter Vorbehalt stellt, mit der Montaigne bei jeder Situation die Freiheit des unantastbaren Rückzugs sich reserviert. Diese Reservatio macht ihn zum unsicheren, aber ehrlichen Bundesgenossen – nicht zuletzt in seiner Loyalität als Edelmann des Schwertadels gegenüber den Königen Frankreichs, denen er in Treue bei Wahrung seiner – auch finanziell – unabhängigen Position dient. In jedem Augenblick bereit zum Rückzug aus dem aktiven oder gar dem Leben generell, wenn es die politische Vorsicht oder die Drohung des Todes fordern mag, gewinnt Montaigne die ihm höchst eigene Freiheit der gestundeten Mitgestaltung am gefährdeten Schicksal Frankreichs wie der nicht bedingungslosen Auslieferung an den vitalen Vollzug. Stets gegenwärtiger Gastgeber des Lebens bleibt für Montaigne am Pariser Hof, im Bürgermeisteramt von Bordeaux, auf der Reise nach Italien und nicht zuletzt im Turm seines Schlosses der Tod. Er übt das letzte Richteramt in jedem Moment aus und bleibt doch bei seinem Richtspruch an das vollzogene Leben gebunden: *Haben wir standhaft und ruhig zu leben gewußt, so werden wir ebenso zu sterben wissen.*[450]

Der Tod richtet über das Leben, das Leben vollendet sich im gerechten Tod, und beide sind nur Teil einer größeren organischen Einheit – der Natur. Selbst für jene, zu denen sich Montaigne nicht zählt, denen die Angst vor dem Tod die Freude am Leben trübt, und auch für die, die trotz Anstrengung mit dem Tod nicht «fertig» werden, zu denen er sich bei aller mentalen Vorsorge rechnet, hält er am Schluß eine geradezu mystische Zuversicht bereit: *Laßt es euch nicht kümmern; die Natur wird es euch im rechten Augenblick vollkommen hinreichend lehren; sie wird dies Geschäft meisterhaft für euch besorgen; zerbrecht euch nicht den Kopf darüber.*[451]

Die Rolle einer allmächtigen wie unbegrenzt-gütigen Kraft, in die sich das Individium in religiöser Gewißheit und unreflektierter Hingabe versenken kann, übernimmt bei Montaigne die Natur in ihrem organischen Rhythmus von Werden und Vergehen[452]. Jenseits dessen thront – so entrückt wie einflußlos, so allmächtig wie uneinsichtig – der christliche Gott. Ein tiefer Graben der Beziehungslosigkeit, zumindest der verlorengegangenen Wirkungsmöglichkeiten trennt das reine Sein Gottes vom ewigen Werden der Natur, so daß Montaigne, dessen astronomisches Weltbild schon von den Erkenntnissen des Kopernikus in Frage gestellt wird[453], den christlichen Gott gleichsam noch in den reinen Raum der aristotelischen Sphären entrückt. Denn *allein Gott* ist, *nicht nach dem Maße der Zeit, sondern nach einer unbewegten und unbeweglichen Ewigkeit*[454]. Nur noch nominell bemüht Montaigne *Gott,* wenn dieser sich *gnädig* zeigt, *das Leben stückweise* zu entziehen, welches ein *Segen des Alters* ist, denn der letzte Tod *wird um so weniger schwer und peinvoll sein: er wird nur noch einen halben oder Viertelmenschen töten.*[455] Die in den Schmerzen Erträglichkeit gewährende und in einen milden Tod hinüberhelfende Kraft hat sich als Führerin, der Montaigne willig folgt – *Ich suche überall ihre Fußstapfen*[456] –, auf so unauffällige wie unübersehbare Weise vom christlichen Gott emanzipiert: *Die Natur selbst reicht uns die Hand und macht uns Mut.*[457]

Welchen Tod aber erstrebt Montaigne von der Natur, wie möchte er als Individuum sich am Tag aller Tage behaupten, wie soll sich der Stil seines Lebens im Augenblick des Vergehens vollenden? Es wirkt seltsam und ist doch höchst konsequent, daß ihm der Ort seines Rückzugs, der Turm seines Schlosses, nicht als am besten geeignet erscheint, dem Tod in der letzten Begegnung standzuhalten. Er würde lieber, sollte es der Verlauf des ferneren Lebens gewähren, auf Reisen sterben, in jener ihm so angenehmen wie für das Leben symbolhaften Bewegung des Reisens: *Ich stürbe lieber zu Pferd als in einem Bett, außer meinem Haus und fern von den Meinen.*[458] Was als grobe Lieblosigkeit, ja Fluchtbewegung gegenüber Mutter, Frau und Tochter erscheinen mag, ist jedoch nur entschiedene Abneigung gegen die bombastische Zeremonie des letzten Abschieds. Er hat *manche Sterbende von diesem ganzen Troß gar jämmerlich umlagert gesehen*[459], so daß sie erdrückt wurden, anstatt die Freiheit eines individuellen Todes zu finden.

Montaigne wünscht sich nicht nur einen ruhig-einsamen Ort des Sterbens, obgleich er befürchtet, wir würden eines noch klügeren Sterbehelfers als eines klugen Geburtshelfers bedürfen[460], er verlangt auch nach einem Tod, der der Art seines Lebens entspricht. *Eine der vornehmsten Absichten des meinigen* (Endes) *ist, daß es wohl ausgehe, das heißt ruhig und lautlos.*[461] Und doch bleibt als Abwehr gegen die Todesangst die

Hoffnung auf jenen besten *Tod,* der *der kürzeste*[462] ist, von dem er wünscht, daß *dessen Wüten mich blenden und hinwegreißen soll mit einem jähen und unfühlbaren Schlag*[463]. Obgleich er nie die Gewißheit preisgibt, *Lehrling* im Augenblick des eigenen Todes zu sein, hat er doch die permanente Aktualität des Todes so konsequent und kontinuierlich eingeübt, daß sein Ende ihm stets gegenwärtig ist und er es in jedem Augenblick zu akzeptieren bereit ist. Daraus resultiert ein nicht geringer Stolz auf den im voraus geistig und emotional geleisteten Abschied, eine Rolle der rigorosen Selbstpreisgabe, auf deren Einmaligkeit er mit seltsam vitalem Anspruch pocht: *Ich löse mich von allem, mein Abschied von jedermann ist schon halb genommen, außer von mir selbst. Nie hat ein Mensch sich reiner und völliger darauf vorbereitet, die Welt zu verlassen, und hat ihr vollkommener entsagt, als ich es zu tun hoffe.*[464]

Diese Hoffnung auf ein stets zum Tode bereites Leben hat ihn offensichtlich sein Leben lang begleitet, und als immanente Logik dieses lebenslangen Todes-Exerzitiums möchte er seine Lebenslinie in der Geradheit seines Denkens und Handelns auch bis zum Endpunkt geführt sehen: *Ich genüge mir an einem in sich gesammelten, ruhigen und einsamen Tod, ganz mein eigen und im Einklang mit meinem stillen, zurückgezogenen Leben.*[465]

Schließlich wird ihm die Natur – *unsere Mutter Natur*[466] – selbst zur sprachgewaltigen Führerin, den Menschen, und das heißt an erster Stelle Montaigne selbst, an den Rhythmus von Geburt und Tod[467], Tag und Nacht[468], den der Jahreszeiten wie den der Lebensalter zu erinnern, jenseits dessen und vor allem seiner ewigen Wiederholung *alle Akte meines Schauspiels*[469] durchgespielt sind. Eine geradezu naturmystische Zuversicht, die mit dem Alter zunimmt und das lebenslange *Grübeln*[470] zugunsten einer *natürlichen Einfalt*[471] gegenüber dem Tod zurücktreten läßt, verbreitet Montaigne in seiner rhetorischen Verheißung, die die Natur den Menschen für den Augenblick des natürlichen Übergangs vom Leben zum Tod verkündet: *Ich will euch in einen Stand versetzen, darin ihr kein Mißvergnügen fühlen sollt.*[472]

Hat Montaigne diesen natürlichen, seinen ganz eigenen Tod gefunden? Über seinen letzten Lebensjahren liegt der Nebel einer zunehmenden Diskretion, die im Alter einem fast kreatürlichen Ausweichen in persönliche Unerreichbarkeit und verhüllende Konvention entspricht – analog seiner Maxime: *Ich suche mich zu verkriechen.*[473] Noch 1589 hatte er, zurückgekehrt von den Generalständen in Blois, eine längere und abwechslungsreiche Zeit in Bordeaux verbracht. Einerseits hatte er an der Seite des Marschalls Matignon gestanden, der mit Hilfe loyaler Edelleute einen Aufstand der Ligisten niederwerfen konnte. Andererseits hatte er geistvolle Gespräche mit Pierre Charron geführt, einem seinerzeit berühmten

Sterbebettszene. Holzschnitt des Petrarca-Meisters, 1532

Prediger und Autor des Buches «De la Sagesse» (1601), das von den *Essais* bis zur unbegrenzten geistigen Anleihe beeinflußt war, wie Pierre Bayle ironisch anmerkte.[474] Charron, dessen Verehrung für ihn, Montaigne, diesem nicht wenig schmeichelte und ihn zu einer überaus wohlwollenden Haltung gegenüber dem geistlichen Rhetor verleitet haben dürfte, war es auch, dem Montaigne testamentarisch sein vielgeliebtes Wappen vermachte – übrigens mit Zustimmung seiner Frau, die es auf seinem Grabmal einmeißeln ließ. Das Wappenrecht ging einzig deshalb an Charron über, weil Montaigne ohne männlichen Erben blieb und sein einziger Schwiegersohn François de la Tour bereits über ein eigenes Adelssymbol verfügte. Charron revanchierte sich beim Tod Montaignes mit einer Dankzahlung an dessen Tochter und vermachte bei seinem eigenen Tod (1603) sein gesamtes Vermögen Herrn de Gamaches, dem zweiten Ehemann Léonores (de la Tour starb 1594).

Doch nach dem Attentat auf Heinrich III. am 2. August 1589, mit dem die Thronfolge auf Heinrich IV. überging, und nach dem Scheitern des ligistischen Gegenkönigs Karl X. zog sich Montaigne um den Jahreswechsel 1589/90 auf sein Schloß zurück. Er erhoffte eine endgültige Beruhigung des Landes spätestens für den Zeitpunkt, wenn der erste Bourbonen-König seinen Einzug in Paris halten würde. In der abwartend-ruhigen Haltung, *weder das Leben zu fliehen, noch vor dem Tode zurückzuweichen*[475], sah er seine Frist dem Ende zugeneigt und korrespondierte dennoch mit Heinrich IV. Nach dem Brief vom 18. Januar 1590 hatte der König ihm noch zweimal geschrieben, zuletzt am 20. Juli und offensichtlich unter zwei Gesichtspunkten: einmal übermittelte er ihm einen Auftrag an den Marschall de Matignon, zum andern machte er ihm wohl ein finanzielles Angebot. Zu derart später Stunde seines Lebens mochte Montaigne das Glück des Günstlings nicht mehr herausfordern, hatte er doch schon vorher über die Gunst des Glücks eine ausgeglichene Bilanz gezogen, daß es ihn vor schweren Schlägen des Schicksals bewahrt, ihm aber auch *keine besondere Gunst gewährt*[476] habe.[477]

Der letzte erhaltene Brief Montaignes an den König, datiert vom 2. September 1590, ist schon nicht mehr von seiner Hand geschrieben, nur unterschrieben. Montaigne verweist zunächst indirekt auf seine eilige Dienstwilligkeit, denn er schreibe, obgleich am Fieber erkrankt, am selben Tag, da der königliche Brief gerade eingetroffen sei. Sodann beantwortet er die politische Anfrage höchst diplomatisch. Er habe dreimal an Matignon geschrieben und eine Begegnung vorgeschlagen, darauf jedoch nie eine Antwort erhalten, so daß er das Schweigen des Marschalls als dessen Sorge verstehe, ihn nicht der *Länge und Unsicherheit der Landstraßen*[478] aussetzen zu wollen. Und was das Geld angehe, so habe er auch für seine Dienste bei den königlichen Vorgängern Heinrichs IV. niemals Geld angenommen und würde seinem Dienst für ihn mit noch größerer Freiwilligkeit nachkommen. Damit betont Montaigne seine finanzielle Unabhängigkeit[479] und hebt zugleich seine royalistische Haltung in ihrer Kontinuität über den Wechsel von den Valois zu den Bourbonen hervor. Doch sollte seine Börse einmal leer sein, in Paris, in der Nähe der Majestät, werde er sich die Kühnheit nehmen, es dem König zu sagen, so daß Montaigne die Großzügigkeit des Herrschers nicht prinzipiell ausschlägt, jedoch an eine Voraussetzung gebunden sehen will, die er nicht wünschen kann – den Verlust seines Wohlstands.

Neben den Altersbeschwerden, die ihn offenbar früh drückten, mag in der Anspielung auf Paris eine letzte politische Vorsichtsmaßnahme wirksam gewesen sein, sich nicht an das Schicksal auch dieses unzweifelhaft legitimen Thronprätendenten zu binden, solange er nicht in Saint-Denis zum König gesalbt sei und die Kapitale Frankreichs als den zentralen Machtort des Landes eingenommen habe. War Heinrich IV. enttäuscht, und hat Montaigne zu lange gezögert? Es bleibt ungewiß. Beide Männer schätzten sich persönlich, was nicht zuletzt die Freiheit des périgordini-

Montaignes Denkmal zu Paris

schen Edelmanns verrät, in der Not auf die Börse des Béarner Edelmanns – ein letzter Anspruch auf die soziale Gleichstellung im gemeinsamen Schwertadel – zu rechnen.

Doch die Liga verschloß die Tore von Paris vor Heinrich IV., der gewiß gern in der Fülle seines Triumphs Montaigne in den Prachträumen des Louvre empfangen hätte, wohin dieser ebenso gewiß gern gereist wäre, um in der gefestigten Idee des Königstums und der Befriedung des Landes seine Prinzipien des geordnet-gerechten Staates verwirklicht zu sehen. Zu jenem Zeitpunkt des Herbstes 1592 näherte sich der Herr von Montaigne jenem *letzten Auftritt zwischen dem Tod und uns,* bei dem *es nichts mehr zu bemänteln gibt*[480] und den er nicht mißbraucht wissen wollte, um *meine Standfestigkeit zu beweisen oder zur Schau zu stellen*[481], so daß kaum zufällig die letzten Nachrichten über sein Leben spärlich ausfallen. Auf seinem Schloß soll er, nach dem Bericht des nicht anwesenden Estienne Pasquier[482], nach einem Schlaganfall die Sprache verloren haben und nach drei Tagen, währenddessen er sich nur schriftlich verständigen konnte, sich seinem Ende nahegefühlt haben. Er habe einige Edelleute aus der Nachbarschaft zu sich gebeten, um von ihnen Abschied zu nehmen. Man habe am 13. September eine Messe in seinem Schlafzimmer gelesen, wie er es sich gewünscht hatte[483], und gerade in dem Augenblick der Wandlung sei er bei dem Versuch sich aufzurichten gestorben. Ebenfalls aus zweiter Hand berichtet Pierre de Brach[484] über den Tod Montaignes und sein heiter gefaßtes Sterben. Wahrscheinlich dürfte Montaigne seinen ganz eigenen Tod gefunden haben.

Sein Leichnam, dem das Herz entnommen war, um es in der kleinen romanischen Ortskirche Saint-Michel des eigenen Landsitzes beizusetzen, wurde am 1. Mai 1593 in der Feuillantenkirche von Bordeaux begraben. Es geschah nicht nach seinem und nicht gegen seinen letzten Willen, denn schon früh hatte er sich als nicht mehr zuständig für sein Begräbnis erklärt, es vielmehr *dem Brauch überlassen, diese Feierlichkeit zu ordnen,* und im übrigen dessen Besorgung *dem ersten besten anheimgestellt*[485]. Seine Frau ließ ein Grabmal errichten, das auf der oberen Fläche den Schloßherrn von Montaigne in der frommen Ruhe eines schlafenden Ritters zeigt. An den Seiten finden sich panegyrische Inschriften im Stil der Zeit. 1611 wurde seine Leiche in die Krypta einer Seitenkapelle umgebettet. 1800 hat man den Sarg feierlich ins Museum überführt, das heute am Ort der Feuillanten-Kirche steht – es war jedoch eine Nichte Montaignes, der man diese Ehre erwies. Wo sein Leichnam liegt, ist heute unbekannt, sein Grabmal steht an zentraler Stelle im Musée d'Aquitaine.

Die Witwe Montaignes, Françoise de la Chassagne, überlebte ihn 35 Jahre. Sie überlebte auch ihre Tochter, die nach einer zweiten Ehe mit

Charles de Gamaches 1616 starb, doch deren Tochter setzte die Geschlechterfolge Montaignes bis heute fort. Das Schloß Montaigne blieb bis 1811 im Besitz seiner Nachkommen. 1885 fast vollständig durch einen Brand zerstört, ist es heute in geringfügig veränderter Form wiederaufgebaut. Durch das Feuer unzerstört blieb der Turm, in den sich Montaigne 1571 von der Welt zurückgezogen hatte, um sich selbst zu finden. Es geschah in den *Essais,* die ihn unsterblich gemacht haben.

Anmerkungen

Die Montaigne-Zitate sind entnommen: Michel de Montaigne: *Essais*, hg. und übertragen von Herbert Lüthy (L), und Johann Joachim Bode, hg. von Otto Flake und Wilhelm Weigand: «Gesammelte Schriften Michel de Montaignes» (Bo). Die für diese Ausgabe übersetzten Montaigne-Zitate stammen aus «Montaigne. Œuvres complètes». Textes établis par Albert Thibaudet und Maurice Rat (T/R). Die genaueren Angaben dieser Werke finden sich in der Bibliographie.

1 Montaigne nimmt diese politisch hochbedeutsame Nachricht (die Seeschlacht bei Lepanto fand am 5. Oktober 1571 statt) nicht nur in seiner gerade erreichten Einsamkeit wahr, sondern vermerkt in den *Essais* auch den zeitlichen Bezug von *einigen Monaten* (L 245), die der Sieg Don Juan d'Austrias zurückliegt.
2 L 658
3 L 219 f
4 L 658
5 L 657
6 L 835
7 L 527. Vgl. Pierre Villeys Versuch, aus Zitaten der *Essais* wie aus zeitgenössischen Quellen eine Bibliographie der Bibliothek Montaignes zu rekonstruieren. Da die Bibliothek kurz nach seinem Tode aufgelöst wurde und keine Aufstellung hinterlassen ist, weist die Rekonstruktion einen gewissen kriminalistischen Reiz auf (Pierre Villey: *Les Essais* de Michel de Montaigne. Paris 1965. S. XLI–LXVI)
8 L 658
9 L 221
10 T/R 1419–1427
11 L 156/7
12 L 761, 764, vgl. auch Jacques de Feytaud: «Le château de Montaigne». Artigues-près-Bordeaux 1984. S. 49
13 L 657
14 L 43/4, T/R XVI
15 L 778
16 L 658
17 T/R XVI f
18 L 750
19 L 520
20 L 537
21 L 51
22 Ebd.
23 L 536
24 L 541, vgl. auch Hugo Friedrich: «Montaigne». Bern und München 1967, S. 11: «In ihrem Kern sind die *Essais* ein Selbstgespräch.»
25 L 539
26 Ebd.
27 Vgl. L 596–598
28 L 275 f
29 Ebd.
30 L 277
31 L 320
32 L 482
33 L 324
34 L 513
35 Ebd.
36 L 514

37 Ebd.
38 L 515
39 L 260
40 L 650
41 L 372
42 L 125
43 L 332
44 L 94/5
45 L 264 f, vgl. auch
   L 518, L 747
46 Bo, Bd. 8, 13
47 L 763/4
48 L 477
49 L 498
50 L 869
51 L 331
52 L 332
53 Ebd.
54 L 421
55 L 422
56 L 869/70
57 L 190
58 L 870
59 L 209
60 L 208
61 L 201
62 L 209
63 Ebd.
64 L 209/10
65 L 210
66 L 211
67 L 212
68 Ebd.
69 Ebd.
70 L 213
71 L 476
72 L 788/89
73 Leopold von Ranke:
   «Französische Ge-
   schichte vornehm-
   lich im XVI. und
   XVII. Jahrhun
   dert». Stuttgart 1954.
   Bd. I, S. 187
74 L 221
75 Étienne de La Boë-
   tie: «Von der freiwil-
   ligen Knechtschaft».
   Hg. von Horst Gün-
   ther. Frankfurt a. M.
   1980. S. 41

76 Ebd.
77 Ebd., S. 49
78 Ebd., S. 63
79 Ebd., S. 73
80 Ebd., S. 77
81 Ebd., S. 79
82 Ebd., S. 81
83 Ebd., S. 83
84 L 220
85 La Boëtie, a. a. O.,
   S. 12, vgl. auch L
   219 f
86 L 225
87 L 221
88 L 225
89 Ebd.
90 Ebd.
91 Ebd.
92 L 226
93 L 682
94 L 683
95 L 224
96 L 655
97 L 649
98 Ebd.
99 Ebd.
100 Ebd.
101 L 655/56
102 L 689
103 L 531
104 Vgl. L 80
105 T/R 1419
106 Étienne de La Boë-
    tie: «Von der freiwil-
    ligen Knechtschaft
    des Menschen». Hg.
    von Heinz-Joachim
    Heydorn. Frankfurt
    a. M.–Wien 1968.
    S. 89
107 Ebd., S. 108
108 L 229 f
109 L 589
110 L 836
111 T/R 1352
112 T/R 1353/4
113 T/R 1356
114 L 852
115 L 58
116 Ebd.
117 L 507

118 Ebd.
119 L 759
120 L 334
121 L 341
122 Vgl. Villey, a. a. O.,
    S. XX
123 Vgl. auch Hugo
    Friedrich, a. a. O.,
    S. 305: «Der Schrift-
    steller Montaigne . . .
    hat zwei originelle
    Leistungen voll-
    bracht: die Schaf-
    fung des Essays und
    die Ausbildung eines
    hochentwickelten
    schriftstellerischen
    Bewußtseins, mit
    dem er Rechen-
    schaft ablegt über
    sein essayistisches
    Schreiben.» – S. 312:
    «Er ist zugleich der
    Schöpfer wie der er-
    ste Theoretiker des
    Essays.»
124 L 369
125 Ebd.
126 Ebd.
127 L 857
128 L 423
129 L 259
130 L 262
131 L 78
132 L 259
133 L 260
134 L 568
135 Ebd.
136 Ebd.
137 L 533
138 L 418. Vgl. auch das
    Urteil des zeitgenös-
    sischen Pierre de
    Bourdeille, zitiert
    nach «Das Leben
    der galanten Da-
    men» (Frankfurt
    a. M. 1981), S. 13:
    «Bauern lebendigen
    Leibes verbrannt
    und in Wasserbrun-

nen übereinanderge-
schichtet, Kinder
wie Geflügel auf
Bratspieße gesteckt,
Gefangene aus den
Fenstern auf Lan-
zenspitzen hinunter-
gestoßen, Frauen
mit Seilen in Stücke
gesägt...»

139 Villey, a.a.O., S. XXXf
140 L 324
141 L 289
142 L 702
143 L 758
144 L 103
145 L 386/87
146 L 605
147 L 387
148 L 86, vgl. L 511
149 L 468
150 L 568
151 Ebd.
152 Ebd.
153 L 701
154 L 775
155 Ebd.
156 L 700
157 L 347
158 L 397
159 L 188
160 L 701
161 Ebd.
162 Ebd.
163 Ebd.
164 L 745
165 L 861
166 L 701
167 L 624
168 L 625
169 L 623
170 L 324
171 L 623
172 Ebd.
173 L 467
174 L 776
175 L 181
176 L 658
177 L 180
178 L 188
179 L 623
180 Ebd.
181 L 365
182 L 467
183 L 623
184 L 624
185 L 650
186 L 574
187 L 575/76
188 L 576
189 L 570
190 L 571
191 Ebd.
192 L 101
193 L 343
194 L 100
195 Ebd.
196 L 576
197 L 593
198 Ebd.
199 L 585 ff
200 L 584
201 L 590
202 L 591
203 Ebd.
204 Ebd.
205 L 372
206 L 106
207 L 780
208 L 383
209 L 181
210 L 381
211 L 381/82
212 Baldassare Castiglione: «Das Buch vom Hofmann». München 1986. S. 135
213 Ebd., S. 78
214 Bo, Bd. 3, 93
215 L 668
216 L 370
217 T/R 1532. Hinweis auf Roger Trinquet, der 1956 (cahier XVII der Bibliothèque d'Humanisme et Renaissance) neben dieser Madame d'Estissac Louise de la Bérandière, eine namensgleiche Cousine, entdeckte, die im Alter von 21 Jahren den Gouverneur von La Rochelle de Lesparre heiratete, einen reichen Edelmann und Witwer, dem sie zwei Kinder schenkte: einen Sohn Charles, der Montaigne auf der Reise begleitete, und eine Tochter Claude, die einen La Rochefoucauld heiratete und 1608 auf den Grabstein ihrer Mutter in lateinischen Buchstaben festschreiben ließ, daß diese ihr Leben den Mutterpflichten und der ehelichen Treue geweiht habe.
218 Bo, Bd. 7, 31
219 L 111
220 In «Promenades dans Rome» (1928), Bd. 2, zitiert nach Bo, Bd. 7, 11
221 H. Friedrich, a.a.O., S. 367, vgl. auch S. 239: «Das ‹Journal› ist ein Merkbuch seines weit geöffneten, gründlich beobachtenden Tatsachensinnes.»
222 L 766
223 Bo, Bd. 7, 50/51
224 Bo, Bd. 7, 48
225 Bo, Bd. 7, 47
226 L 765
227 Ebd.
228 Ranke, a.a.O., S. 311
229 L 766
230 Ebd.
231 L 765
232 L 766

233 Ebd.
234 L 767
235 Ebd.
236 L 772
237 L 768
238 Bo, Bd. 7, 50
239 Pierre Bayle: «Dictionnaire historique et critique». 5. Ausgabe von 1738. Bd. 2, S. 813–816
240 Golo Mann in «Prophyläen Weltgeschichte» Bd. VII, 1, Frankfurt a. M. – Berlin 1976, S. 176
241 Bo, Bd. 7, 80
242 Ebd.
243 Bo, Bd. 7, 99
244 Ebd., Anm. 4
245 Bo, Bd. 7, 100
246 Bo, Bd. 7, 102
247 Bo, Bd. 7, 105
248 Bo, Bd. 7, 106
249 Bo, Bd. 7, 101/2
250 Bo, Bd. 7, 101
251 Bo, Bd. 7, 194
252 Ebd.
253 L 544
254 Bo, Bd. 7, 112
255 Bo, Bd. 7, 103
256 Bo, Bd. 7, 115
257 Bo, Bd. 7, 148
258 Bo, Bd. 7, 140
259 Ebd.
260 Bo, Bd. 7, 141
261 Ebd.
262 Bo, Bd. 7, 154
263 Ebd.
264 Ebd., Anm. 2
265 L 839
266 L 684
267 Ebd.
268 Bo, Bd. 7, 153
269 L 657
270 Ebd.
271 L 656
272 L 657
273 Bo, Bd. 7, 164
274 Ebd.
275 L 392

276 L 442
277 L 443
278 Bo, Bd. 7, 171
279 Bo, Bd. 7, 174
280 Vgl. Honoré de Balzac: «Katharina von Medici». Wien 1948. S. 30 f
281 L 89
282 Bo, Bd. 7, 177
283 Bo, Bd. 7, 184
284 Bo, Bd. 7, 185
285 Bo, Bd. 7, 192
286 Nach den medizinischen Vorstellungen der Zeit sollte das Gold der Fistola eine Vergiftung verhindern, doch wirkt Gold nur leicht keimtötend und stellt keinen sicheren Schutz gegen Gifte dar. – Benvenuto Cellini berichtet (in der Übersetzung Goethes, dtv-Ausgabe Bd. 35, München 1963, S. 206–07) von einer höchst kultivierten Mordtechnik der Zeit, indem in die Nahrung «gestoßene Diamanten» gemischt wurden, nicht eigentlich ein Gift, sondern ein so verfeinertes wie kaum erkennbares Messer, denn die scharfkantigen Steinpartikel legten sich auf die Magen- und Darmwände, so daß die nachfolgenden Speisen durch Druck eine Durchlöcherung bewirkten, doch zeitlich verzögert und damit – kri-

minalistisch schwer erkennbar – erst nach «vier oder fünf Monaten» wirksam wurden. Cellini zeichnet in seinem Lebensbericht auch so präzise wie parteiisch die Papstgestalt Klemens' VII.

287 Bo, Bd. 7, 196
288 Ebd.
289 Bo, Bd. 7, 234
290 L 308
291 T/R 1595
292 L 796
293 T/R 173, 645, 1474
294 L 548
295 Bo, Bd. 7, 234
296 L 303
297 L 416
298 L 194
299 L 205
300 L 301
301 L 303
302 Bo, Bd. 7, 197
303 Ebd.
304 L 418
305 Bo, Bd. 7, 213
306 Bo, Bd. 7, 249
307 L 781
308 L 781/2
309 Bo, Bd. 7, 270
310 L 813 f
311 L 815
312 L 146–48
313 Bo, Bd. 7, 373
314 Bo, Bd. 7, 248
315 Ebd.
316 L 787
317 L 788
318 Ebd.
319 L 789
320 L 613
321 Ebd.
322 Ebd.
323 Ebd.
324 Ebd., vgl. auch L 637
325 Ebd.

326 Ebd.
327 L 609
328 L 610
329 Ebd.
330 L 611
331 L 523 f, 533
332 T/R 1425
333 L 451 f, 550 f
334 Sextus Empiricus:
«Hypotyposes», I, 6
und 27, T/R 1423
335 T/R 1419–27
336 Sextus Empiricus:
«Grundriß der pyr-
rhonischen Skep-
sis». Frankfurt a. M.
1985. S. 43
337 L 484
338 L 532
339 L 725
340 S. Empiricus,
a. a. O., S. 93
341 S. Empiricus,
a. a. O., S. 95
342 L 337
343 S. Empiricus,
a. a. O., S. 94
344 L 447
345 L 166
346 L 155 f
347 S. Empiricus,
a. a. O., S. 224
348 S. Empiricus,
a. a. O., S. 139
349 Diogenes Laertius:
«Leben und Mei-
nungen berühmter
Philosophen». Ham-
burg 1967. 2. Band,
9. Buch, S. 196
350 S. Empiricus,
a. a. O., S. 97, vgl.
auch L 167
351 L 550 f
352 L 550
353 D. Laertius, a. a. O.,
S. 192
354 D. Laertius, a. a. O.,
S. 192/3
355 D. Laertius, a. a. O.,
S. 193

356 Ebd.
357 D. Laertius, a. a. O.,
S. 194
358 L 551
359 S. Empiricus,
a. a. O., S. 9–90
360 L 358
361 L 491
362 Ebd., vgl. auch
L 825
363 L 490
364 Ebd.
365 L 839 f
366 L 851
367 L 534/5
368 L 754
369 L 753
370 L 544
371 L 545
372 Vgl. auch L 167 und
795 f
373 L 524
374 L 607
375 L 650
376 L 612/3
377 L 607
378 L 64
379 L 795
380 Ebd.
381 L 805
382 L 827
383 L 607
384 Ebd.
385 L 614
386 L 803, vgl. auch
L 608 f
387 L 802
388 T/R 1409/10
389 L 540
390 T/R 1398, vgl. auch
Alfons Grün: «La
vie publique de Mi-
chel Montaigne».
Genf 1970. S. 386
391 Ebd.
392 Ebd.
393 Ebd.
394 L 687
395 L 803/4
396 L 242
397 L 232

398 L 241
399 L 235
400 L 238
401 L 433
402 L a. O., vgl. auch L
716/23
403 L 435
404 L 433
405 Bo, Bd. 7, 219
406 L 435
407 L 440
408 L 625
409 L 884
410 L 236
411 L 238
412 L 91
413 L 571
414 L 828
415 L 121
416 L 130
417 L 133
418 L 409
419 L 347
420 L 878
421 L 356
422 L 409
423 L 408
424 L 133
425 L 92
426 L 127
427 L 92 f
428 L 140
429 L 126/7
430 L 140
431 L 356
432 L 358
433 L 359
434 Ebd.
435 L 359/60
436 L 360
437 L 881
438 L 358
439 L 141
440 L 124
441 L 120
442 L 124
443 L 128
444 L 129
445 L 485
446 L 129
447 L 640

448 L 199
449 L 641
450 L 831
451 L 830/1
452 L 482
453 L 454 f
454 L 483
455 L 870
456 L 881
457 L 134
458 L 768
459 Ebd.
460 Ebd.
461 L 120/1

462 L 764
463 L 765
464 L 132
465 L 769
466 L 142
467 L 137
468 L 138
469 Ebd.
470 L 832
471 L 833
472 L 139
473 L 768
474 Bayle, a. a. O.,
    Bd. 2, S. 142

475 L 141
476 L 780
477 Vgl. L 792 f
478 T/R 1400
479 Ebd., vgl. auch
    L 763
480 L 120
481 L 769
482 Zitiert nach Villey,
    a. a. O., S. XXXII
483 L 770
484 L 48
485 L 70

Zeittafel

1477	Der Kaufmann Ramon Eyquem (1402–78), seßhaft in Bordeaux, erwirbt die «Afterlehen» Montaigne und Belbeys im Périgord des Erzbischofs von Bordeaux.
1495	Pierre Eyquem, der älteste Sohn von Grimon Eyquem – dieser und sein älterer Bruder Pierre führen seit 1478 das Handelshaus des verstorbenen Vaters Ramon Eyquem in Bordeaux –, wird als erster der Familie Eyquem auf Montaigne geboren.
1519	Pierre Eyquem, nach dem Tod seines Vaters Herr zu Montaigne, gibt den Kaufmannsberuf seiner Vorfahren auf, begleitet Franz I. auf seinen italienischen Feldzügen, heiratet 1528 auf der Rückreise von Italien Antoinette de Louppes und übernimmt danach städtische Ämter in Bordeaux.
1533	Am 28. Februar wird Michel Eyquem de Montaigne als ältester Sohn und drittes Kind von Pierre Eyquem auf Montaigne geboren.
1535	Der deutsche Erzieher Horstanus, der das Französische nicht beherrscht, unterrichtet Michel de Montaigne auf lateinisch, das er als erste Sprache erlernt.
1539–1546	Am Collège de Guyenne in Bordeaux, dessen Leiter der Portugiese Andrea Gouvéa ist, absolviert Michel de Montaigne eine humanistische Erziehung.
1546–1554	Studium der Rechte, zunächst in Bordeaux, sodann in Toulouse.
1554	Der Vater Pierre Eyquem wird Bürgermeister von Bordeaux und kauft seinem Sohn Michel das Amt eines Ratsherrn am Steuergerichtshof von Périgueux.
1557	Michel de Montaigne wird Parlamentsrat in Bordeaux.
1558	Erste persönliche Begegnung mit Étienne de La Boëtie und Beginn der Freundschaft.
1559–1563	Mehrere Reisen Michel de Montaignes an den königlichen Hof nach Paris, auch im Auftrag des Parlaments von Bordeaux. In Rouen, wohin er dem königlichen Hof gefolgt ist, Begegnung mit brasilianischen Eingeborenen.
1563	Tod seines Freundes Étienne de La Boëtie in Anwesenheit Michel de Montaignes – ausführlicher Bericht über dessen Sterben an den Vater.
1565	Michel de Montaigne heiratet Françoise de la Chassagne, die Tochter eines Ratskollegen im Parlament von Bordeaux.
1568	Tod des Vaters Pierre Eyquem. Sein Sohn Michel wird Eigentümer von Schloß sowie Lehen Montaigne und nennt sich seitdem Seigneur de Montaigne.

1569	Veröffentlichung von Montaignes Übersetzung der «Theologia naturalis» von Raimundus Sebundus in Paris.
1570	Michel de Montaigne verkauft sein Amt als Parlamentsrat von Bordeaux an Florimond de Raemond und reist nach Paris, um einige literarische Nachlaßschriften La Boëties zu veröffentlichen.
1571	Am 28. Februar Rückzug auf Schloß Montaigne – *in voller Lebenskraft in den Schoß der gelehrten Musen* –, Ernennung durch Karl IX. zum «Chevalier de l'ordre de Saint-Michel» und Geburt seiner Tochter Léonore, die als einziges von sechs Kindern – alle Töchter – überlebt.
1572–1573	Niederschrift des ersten Buches der *Essais* und politische Vermittlertätigkeit zwischen den Parteien des religiösen Bürgerkriegs.
1577	Erstes Auftreten seiner Erkrankung an Nierensteinen und Ernennung durch Heinrich III. zum «Gentilhomme ordinaire de la Chambre du Roi».
1577–1580	Niederschrift des zweiten Buches der *Essais*.
1580	Veröffentlichung der Erstausgabe der *Essais* in Bordeaux, Überreichung der *Essais* an Heinrich III. in Paris und Aufbruch zur großen Reise über Lothringen, die Schweiz, Süddeutschland nach Rom – am 29. Dezember Audienz bei Papst Gregor XIII.
1581	Reise über Loreto, Florenz und Pisa in die Bäder von Lucca – dort erreicht ihn am 7. September die Nachricht seiner Wahl zum Bürgermeister von Bordeaux. Rückkehr nach Montaigne am 30. November.
1582–1584	Erste Amtszeit als Bürgermeister von Bordeaux. Reise im Auftrag der Stadt nach Paris.
1583	Wiederwahl ins Amt des Bürgermeisters von Bordeaux.
1584	Am 19. Dezember besucht König Heinrich von Navarra mit großem Gefolge zum erstenmal Michel de Montaigne auf dessen Schloß.
1585	Michel de Montaigne vermittelt zwischen Heinrich von Navarra und dem königlichen Gouverneur Marschall von Matignon, deren Begegnung am 6. Juni zustande kommt. Matignon wird Nachfolger von Montaigne im Amt des Bürgermeisters von Bordeaux – das Amt, das Montaigne bis zum 31. Juli innehat, wird wegen der Pest in Bordeaux in der kleinen Ortschaft Feuillas übergeben.
1586–1587	Niederschrift des dritten Buches der *Essais*.
1587	Am 24. Oktober, kurz nach seinem Sieg bei Coutras, besucht Heinrich von Navarra Michel de Montaigne ein zweites Mal auf dessen Schloß.
1588	Michel de Montaigne reist zur Veröffentlichung einer weiteren Ausgabe der *Essais* nach Paris, die erstmals das dritte Buch erhält. Er wird unterwegs von Anhängern der Liga überfallen, besucht sodann Marie de Gournay, seine «Adoptivtochter» und spätere Herausgeberin der *Essais*, und verläßt am «Barrikadentag» (12. Mai) Paris mit Heinrich III. nach Chartres und Rouen. Bei seiner Rückkehr wird er am 10. Juli für einige Stunden in der Bastille festgesetzt, seine Freilassung verfügt die Königinmutter Katharina von Medici. Er verbringt einige Wochen bei Marie de Gournay in der Picardie und reist dann zu den Generalständen nach Blois.
1589	Vorbereitung einer weiteren Ausgabe der *Essais* mit über tausend Änderungen und Zusätzen – dieses Handexemplar Montaignes bildet

als «Bordeaux-Exemplar» die Basis der kritischen Ausgabe der *Essais*.

1590 Am 27. Mai heiratet seine Tochter Léonore François de la Tour. Am 18. Juni übermittelt Michel de Montaigne König Heinrich IV. in Briefform sein «politisches Testament», ist jedoch nicht bereit, der anschließenden Aufforderung des Königs zu folgen, ein besoldetes Amt zu übernehmen.

1592 Am 13. September stirbt Michel de Montaigne auf Schloß Montaigne. Spätere Beisetzung in der Feuillantenkirche von Bordeaux.

1676 Die *Essais* werden auf den «Index librorum prohibitorum» gesetzt.

1774 Veröffentlichung des *Tagebuchs einer Reise durch Italien, die Schweiz und Deutschland in den Jahren 1580 und 1581,* das der Abbé de Prunis auf Schloß Montaigne entdeckt hat.

1811 Jean de Ségur-Montaigne ist der letzte Eigentümer des Schlosses Montaigne in der Abstammung von Michel de Montaigne – er verkauft es an Buc de Marcussy.

1885 Ein Brand zerstört Schloß Montaigne, das jedoch im folgenden Jahr mit geringen Modernisierungen in der Architektur wiederaufgebaut wird. Vom Feuer verschont blieb der Turm in der Schloßmauer, wohin Michel de Montaigne sich zurückzog – *Hier ist meine Stätte* –, wo er seine *Essais* schrieb und an welcher Stelle es noch heute seine Verehrer in der ehemaligen Bibliothek des dritten Stockwerks ihm gleichtun können in der Orterkenntnis, *daß du nicht Schlachten und Provinzen, sondern daß du die Ordnung und Ruhe deiner Lebensführung gewinnest. Unser großes und herrliches Meisterwerk ist: richtig leben.*

Zeugnisse

Blaise Pascal
Die Fehler Montaignes sind groß... Seine Meinungen über den Selbstmord, über den Tod. Er verführt zu einer Mißachtung des Heils, «ohne Furcht und Reue». Da sein Buch nicht die Aufgabe hatte, zur Frömmigkeit zu verleiten, war er nicht dazu verpflichtet, aber man ist immer verpflichtet, nicht von ihr abzulenken. Seine etwas freien und sinnlichen Meinungen über manches Geschehen im Leben kann man verzeihen; seine völlig heidnischen Meinungen über den Tod aber kann man nicht verzeihen; denn man muß auf jegliche Frömmigkeit verzichten, wenn man nicht wenigstens christlich sterben will. Nun, in seinem ganzen Buch gedenkt er nur, feig und bequem zu sterben.

«Pensées», 1669

Voltaire
Den reizvollen Plan, den Montaigne hatte, als er sich selbst ganz unverhüllt selbst zu schildern unternahm, wie großartig hat er ihn ausgeführt! Denn er hat die menschliche Natur schlechthin geschildert. Wenn Nicole und Malebranche stets von sich gesprochen hätten, sie wären nicht erfolgreich gewesen. Aber ein Landedelmann aus der Zeit Heinrichs III., der wissend war in einem Jahrhundert der Unwissenheit, Philosoph unter Fanatikern und der unter seinem Namen unsere Schwächen und Torheiten geschildert hat, er ist ein Mensch, der immer geliebt werden wird.

«Remarques (premières) sur Les Pensées de Pascal», 1728

Johann Wolfgang von Goethe
1. Erinnern wir uns hierbei noch... des Michel de Montaigne, der mit einer unschätzbar heitern Wendung seine persönlichen Eigenheiten sowie die Wunderlichkeiten der Menschen überhaupt zum besten gibt...

«Schriften zur Farbenlehre», 1808

2. Montaigne unternimmt 1580 eine Reise zu Pferde; mit einem anständigen Gefolge zieht er aus, und wenn ihm schon Unglaube, ja Haß gegen

die Ärzte und Medizin eingefleischt ist, so glaubt er doch an die Wirksamkeit der Gesundbrunnen, besucht und kostet sie; auch läßt er uns, da seine Steinschmerzen dadurch und durch Bewegung gelindert werden, jederzeit wissen, wie er von Sand und Gries und sonstigen Übeln befreit worden. Aus Frankreich durch Lothringen und Elsaß zieht er bis Baden in der Schweiz, von da auf deutscher Seite bis Augsburg und München, durch Tirol und Italien, und sieht endlich Rom.

Wie unter diesen Umständen ein stracker, feiner, zartgesinnter, sich selbst beobachtender, neugieriger, mit einer gewissen anmutigen Eitelkeit behafteter französischer Edelmann in fremden Ländern hervortritt, ist wohl auf keine andere Weise zu schauen und zu erfahren...

«Der deutsche Gil Blas eingeführt von Goethe», 1822

Ralph Waldo Emerson
Die Aufrichtigkeit und der Charakter dieses Mannes zeigen sich auch in seiner Sprache. Ich kenne kein Buch, das weniger Literatur ist. Es ist Umgangssprache, übertragen in ein Buch... Montaigne redet scharfsinnig, erkennt die Welt, die Bücher und sich selbst und hält sich stets ans Positive. Er schreibt, protestiert und bittet sie: nichts von Schwäche, Verkrampftheit und Superlativen. Er hat nicht den Wunsch, aus der Haut zu fahren, Mätzchen zu machen, Raum und Zeit aufzuheben. Er ist fest und ruhig, genießt jeden Augenblick des Tages, liebt den Schmerz, weil er ihn zum Bewußtsein seiner selbst bringt und Dinge genauer wahrnehmen läßt, wie wenn wir uns kneifen, um zu wissen, daß wir auch wirklich wach sind. Er bleibt auf dem Boden, versteigt sich selten in Höhen, versinkt selten in Tiefen. Er hat gern festen und steinigen Grund unter den Füßen.

«Montaigne oder der Skeptiker», 1850

Leopold von Ranke
Wenn nicht den Menschen überhaupt, aber den französischen Menschen hat Montaigne dargestellt, mit allen Zweifeln und Irrungen, die ihn bedrängen, den Genüssen, die ihm Freude machen, den Wünschen und Hoffnungen, die er hegt, seinem ganzen geistig und sinnlich angeregten Wesen. Der eigentümliche Genius der Nation findet sich in ihm wieder: wie viele bemerkt man, die von seiner Manier ergriffen sind, wenn sie nur von ihm reden! Nächst den Erzählungen der Königin Margareta sind die Essays von Montaigne das erste Buch, das sich in der fortwährenden Gunst der Nation erhalten hat.

«Französische Geschichte, vornehmlich im
XVI. und XVII. Jahrhundert», 1852–1861

Friedrich Nietzsche

Ich weiß nur noch einen Schriftsteller, den ich in betreff der Ehrlichkeit Schopenhauer gleich, ja noch höher stelle: das ist Montaigne. Daß ein solcher Mensch geschrieben hat, dadurch ist wahrlich die Lust auf dieser Erde zu leben vermehrt worden. Mir wenigstens geht es seit dem Bekanntwerden mit dieser freiesten und kräftigsten Seele so, daß ich sagen muß, was er von Plutarch sagt: «Kaum habe ich einen Blick auf ihn geworfen, so ist mir ein Bein oder ein Flügel gewachsen.» Mit ihm würde ich es halten, wenn die Aufgabe gestellt wäre, es sich auf der Erde heimisch zu machen.

«Unzeitgemäße Betrachtungen, Drittes Stück.
Schopenhauer als Erzieher», 1873–1876

Klaus Mann

Dies ist die zweifache Lehre, die André Gide von seinem ruhmreichen Freunde Michel Eyquem de Montaigne empfing: daß Selbsterforschung, Selbstanalyse, völlige Aufrichtigkeit gegen sich selbst der Anfang und vielleicht die Krone aller Weisheit ist; und daß man anderen am ehesten helfen kann, wenn man ihnen von all dem Mitteilung macht, was man aus dem Dunkel der eigenen Seele ins Licht des Bewußtseins gehoben hat.

Gide ist entzückt von der rücksichtslosen Aufrichtigkeit des Montaigne, seiner «heureuse audace dans l'indiscretion personelle». All die intimen kleinen Eröffnungen, die der mitteilungsbedürftige Edelmann uns über seine psychologischen und physiologischen Zustände macht, sind für Gide eine Quelle unendlichen Vergnügens. Wenn Montaigne notiert, daß er dazu imstande ist, sein Wasser zehn Stunden lang zu halten, so ist das doch natürlich brennend interessant – nicht so sehr das Phänomen an sich, als der indiskrete Wunsch des Autors, es der Nachwelt zu überliefern. Diese bemerkenswerte Zutraulichkeit hat nichts mit gewöhnlichem Exhibitionismus zu tun. Montaigne (und mit ihm Gide) hält es für heilsam, gerade jene Dinge auszusprechen, die meist aus Scham verschwiegen werden. Es ist das Verborgene, Anstößige, Gewagte, was die freien und bekennerischen Geister am nachhaltigsten fasziniert und wovon sie am liebsten handeln.

«André Gide und die Krise des modernen Denkens», 1943

Günter Kunert

Sein Buch ist (und war immer) widerborstig. Es sträubt sich einfach, Vergangenheit zu sein. Es drängt auf freundlich-ironische Weise, als werde man hilfreich, doch nachdrücklich am Ärmel geführt, den Leser zu einem Standpunkt, von dem aus die Perspektive eine gänzlich andere ist: der

Blick von hier aus auf die Historie zerstört – irgend etwas hat sich in der gewohnten irdischen Landschaft grundlegend verändert. Liegt das an der besonderen Brille des Autors? Oder daran, daß der brave Katholik ein Beispiel totalen Unglaubens setzt, religiöse wie weltliche Transzendenz in Zweifel zieht und damit – wie einen kranken Zahn – aus seinem eigenen Denken und Schreiben auch das berüchtigte utopische Element extrahiert?

«Diesseits des Erinnerns. Montaigne oder wie kurz sind
vierhundert Jahre», 1982

Max Horkheimer

Montaigne sieht einen Absolutismus heraufziehen, mit dem er sich identifizieren kann, weil er die Konservierung des bürgerlichen Eigentums garantiert. Bei aller Schrecklichkeit der Bürgerkriege weiß er, daß das Leben weitergeht und auch diese Schwierigkeiten überwunden werden. Der Nationalstaat wird das neue Bürgertum beschützen und die Ruhe herstellen. Die Ataraxie Montaignes besteht in der behaglichen Einrichtung des seelischen Inneren, in dem man von jeder Unbill ausruht. Die Enthaltung vom Urteil, die ἐποχή, wird hier zum Rückzug in die private Innerlichkeit, in der man, des Zwanges der beruflichen Lasten ledig, sich angemessen erholen kann.

«Montaigne und die Funktion der Skepsis», 1938

Bibliographie

1. Bibliographien

BONNET, PIERRE: Bibliographie méthodique et analytique des ouvrages et documents relatifs à Montaigne (jusqu' à 1975). Genf–Paris 1983

Inventaire de la Collection des ouvrages et documents réunis par J.-F. PAYEN et J. B. BASTIDE sur Michel de Montaigne. Rédigé et précédé d'une notice par RICHON, GABRIEL, suivi de lettres inédites de Françoise de Lachassagne (1880). Reprint: New York 1970

2. Werke

a) Französische Ausgaben

MONTAIGNE, MICHEL DE: Œuvres complètes. Texte du manuscript de Bordeaux. Étude, commentaire et notes par A. ARMAINGAUD. 12 Bde. 1924–1941

MONTAIGNE: Œuvres complètes. Textes établis par ALBERT THIBAUDET et MAURICE RAT (Bibliothèque de la Pléiade). Paris 1962

MICHEL DE MONTAIGNE: Les Essais. 5 Bde. Hg. von F. STROWSKI, M. GEBELIN und P. VILLEY. Bordeaux 1906–1933

MICHEL DE MONTAIGNE: Les Essais. Préface de V.-L. SAULNIER. Édition de Pierre Villey. Paris 1965

MICHEL DE MONTAIGNE: L'Apologie de Raymond Sebond. Texte établi et annoté par P. PORTEAU. 1937

MICHEL DE MONTAIGNE: JOURNAL DE VOYAGE... NOUVELLE ÉDITION AVEC NOTES PAR ALEXANDRE D'ANCONA. Cèltà de Castello 1895

b) Deutsche Übersetzungen

MICHEL DE MONTAIGNE: Gedanken und Meinungen über allerley Gegenstände. Ins Teutsche übersetzt von J.-J. BODE. 7 Bde. 1797

MICHEL DE MONTAIGNE: Gesammelte Schriften. Historisch-kritische Ausgabe mit Einleitungen und Anmerkungen unter Zugrundelegung der Übertragung von JOHANN JOACHIM BODE. Hg. von OTTO FLAKE und WILHELM WEIGAND. 8 Bde. München–Leipzig 1908–1915

MICHEL DE MONTAIGNE: Essais. Auswahl und Übersetzung von HERBERT LÜTHY. Zürich 1953

MICHEL DE MONTAIGNE: Essais. Hg. und mit einem Nachwort versehen von RALPH-RAINER WUTHENOW. Revidierte Fassung der Übertragung von JOHANN JOACHIM BODE. Frankfurt a. M. 1976

MICHEL DE MONTAIGNE: Die Essais. Ausgewählt, eingeleitet und übertragen von ARTHUR FRANZ. Stuttgart 1980

MICHEL DE MONTAIGNE: Tagebuch einer Reise durch Italien, die Schweiz und Deutschland in den Jahren 1580 und 1581. Hg. und aus dem Französischen übertragen von OTTO FLAKE, Frankfurt a. M. 1988

MICHEL DE MONTAIGNE: Essais. Übers. von HANS STILETT. Sonderband «Die andere Bibliothek», Frankfurt a. M. 1998

Montaigne für Gestreßte. Ausgewählt von Uwe Schultz. Frankfurt a. M. und Leipzig 2002

3. Zeitgeschichte in Dokumenten

BODIN, JEAN: Sechs Bücher über den Staat. Mit einer Einleitung von P. C. Mayer-Tasch. München 1981

BOURDEILLE SEIGNEUR DE BRANTÔME, PIERRE DE: Das Leben der galanten Damen. Mit einem Vorwort von Rudolf Noack und Porträts von François Clouet. 2 Bde. Frankfurt a. M. 1981

CASTIGLIONE, BALDASSARE: Das Buch vom Hofmann (Il libro del Cortegiano). Übers. und erläutert von FRITZ BAUMGART. Mit einem Nachwort von ROGER WILLEMSEN. München 1986

GOETHE, JOHANN WOLFGANG VON: Benvenuto Cellini. 1. und 2. Teil. München 1963

LA BOËTIE, ÉTIENNE DE: Von der freiwilligen Knechtschaft des Menschen. Hg. von HEINZ-JOCHIM HEYDORN. Frankfurt a. M. 1968

LA BOËTIE, ÉTIENNE DE: Von der freiwilligen Knechtschaft. Unter Mitwirkung von NEITHARD BULST übers. und hg. von HORST GÜNTHER. Frankfurt a. M. 1980

MACHIAVELLI: Der Fürst (Il Principe). Übers. und hg. von RUDOLF ZORN. Stuttgart 1955

RABELAIS, FRANÇOIS: Gargantua und Pantagruel. Verdeutscht von Engelbert Hegaur und Dr. Owlglass. Mit ausgewählten Illustrationen von Gustave Doré. München 1951

VASARI, GIORGIO: Lebensläufe der berühmten Maler, Bildhauer und Architekten. Zürich 1974

4. Gesamtdarstellungen, Biographien

BONNEFON, PAUL: Montaigne. L'homme et l'œuvre. Bordeaux 1893

FRAME, DONALD M.: Montaigne. A Biography. New York 1965

FRIEDRICH, HUGO: Montaigne. Zweite, neubearbeitete Auflage. Bern-München 1967

GIDE, ANDRÉ: Essai sur Montaigne. Paris 1929

GREFFRATH, MATHIAS: Vom Schaukeln der Dinge. Montaignes Versuche. Ein Lesebuch. Berlin 1984

GRÜN, ALPHONSE: La vie publique de Michel Montaigne. Étude biographique (Réimpression de l'édition de Paris, 1855). Genf 1970

HORKHEIMER, MAX: Montaigne und die Funktion der Skepsis (1938). In: Gesammelte Schriften Bd. 4: Schriften 1936–1941. Frankfurt a. M. 1988

JUDRIN, ROGER: Montaigne. Paris 1971

LACOUTURE, JEAN: Montaigne à cheval. Paris 1996
Michel de Montaigne. Ein Leben zwischen Politik und Philosophie. Übers. von SABINE MÜLLER und HOLGER FOCK. Frankfurt a. M. 1998

LAZARD, MADELEINE: Michel de Montaigne. Paris 1992

Starobinski, Jean: Montaigne. Denken und Existenz. München 1986
Strowski, Fortunat: Montaigne: sa vie publique et privée. Paris 1938
Thibaudet, Albert: Montaigne. Paris 1963

5. Einzeluntersuchungen

Batisse, François: Montaigne et la médecine, Paris 1962
Bonnefon, Paul: Montaigne et ses amis. 2 Bde. Paris 1898
Brown, Frieda S.: Religious and Political Conservatism in the Essais of Montaigne. Genf 1963
Busson, Henri: Littérature et théologie. Paris 1962
Butor, Michel: Essais sur les essais. Paris 1968
Compagnon, Antoine: Nous, Michel de Montaigne. Paris 1980
Cremona, Isida: «La pensée politique de Montaigne et les guerres civiles». Studi Francesi, 69/1979, S. 432–448
Croquette, Bernard: Pascal et Montaigne. Genf 1974
Frame, Donald M.: Montaigne's Discovery of Man. The Humanization of a Humanist. New York 1955
   Montaigne's «Essais». A Study. Englewood Cliffs, N. Y., 1969
Gray, Floyd: Le Style de Montaigne. Paris 1929
Gutwirth, Marcel: Michel de Montaigne ou le pari d'exemplarité. Montreal 1977
Hallie, Philip P.: The Scar of Montaigne. An Essay in Personal Philosophy. Middletown 1966
Insdorf, Cecile: Montaigne and Feminism. North Carolina Studies in the Romanic Language and Literatures, 194. Chapel Hill 1977
Joukovsky, Françoise: Montaigne et le problème du temps. Paris 1972
Kölsch, Manfred: Recht und Macht bei Montaigne. Berlin – München 1974
Kunert, Günter: Montaigne oder Wie kurz sind vierhundert Jahre. In «Diesseits des Erinnerns». München 1982
La Charité, Raymond C.: The Concept of Judgement in Montaigne. Den Haag 1968
Lanson, Gustave: Les Essais de Montaigne. Paris 1930
McGowan, Margaret: Montaigne's Deceists. The Art of Persuasion in the «Essais». London 1974
Marcu, Eva: Répertoire des idées de Montaigne. Genf 1965
Merleau-Ponty, Maurice: «Lecture de Montaigne». In «Signes». Paris 1960
Metschies, Michael: Zitat und Zitierkunst in Montaignes «Essais». Genf – Paris 1966
Micha, Alexandre: Le Singulier Montaigne. Paris 1964
Nandeau, Olivier: La Pensée de Montaigne et la composition des «Essais». Genf 1972
Nortonn, Glyn P.: Montaigne and the inspective mind. Den Haag 1975
Plattard, Jean: Montaigne et son temps. 1933
Popkin, Richard H.: The History of Scepticism from Erasmus to Descartes. Assen 1960
Pouilloux, Jean-Yves: Lire les «Essais» de Montaigne. Paris 1969
Poulet, Georges: Étude sur le temps humain. Paris 1950
Regosin, Richard L.: The Matter of my Book. Montaigne's «Essais» as the Book of the Self. Berkeley 1977
Rider, Frederick: The Dialectic of Selfhood in Montaigne. Stanford 1973

SAYCE, RICHARD ANTHONY: The Essays of Montaigne. A Critical Exploration. London 1973itical Exploration. London 1972

TAYLOR, JAMES S.: Montaigne and Medicine. 1929. Neuaufl. Fairfield, N. Y., 1978

TRAEGER, WOLF EBERHARD: Aufbau und Gedankenführung in Montaignes Essays, Heidelberg 1961

TRINQUET, ROGER: La Jeunesse de Montaigne: ses origines familiales, son enfance et ses études. Paris 1972

VILLEY, PIERRE: Les sources et l'évolution des Essais de Montaigne. 2 Bde. Paris 1933

6. Die Wirkungsgeschichte

BOASE, ALAN MARTIN: The Fortune of Montaigne. A History of the Essays in France 1580–1669. London 1935. Reprint: New York 1970
The early history of the Essai titel in France and Britain (S. 67–73). Mél Lawton 1968

BOUILLIER, VICTOR: La renommée de Montaigne en Allemagne. Paris 1921
Montaigne et Goethe. Rev. de litt. Comp. V 1925, S. 572–93
La fortune de Montaigne en Italie et en Espagne. Paris 1922

BRUNSCHVICG, LÉON: Descartes et Pascal lecteurs de Montaigne. Neuchâtel 1942.
Reprint: New York – Paris 1944
L'esprit européen chez Montaigne. Neuchâtel 1947

BRUSH, CRAIG B.: Montaigne and Bayle: variations on the theme of skepticism. Diss. Columbia Univers. 1963

CROQUETTE, BERNARD: Pascal et Montaigne. Genf 1974

FRAME, DONALD M.: Montaigne in France, 1812/1852. New York 1940

MARICHAL, JUAN: Montaigne en España. Nueva rev. de filol. hispanica, VII. 1953.
Reprint: Barcelona 1957

MATURIN DREANO, CHANOINE: Les raisons de l'influence de Montaigne. Bull. de la libr. anc. et mod. Nr. 82. Febr. 1966, S. 47–49
La renommée de Montaigne en France au XVIII. siècle. 1677–1802. Angers 1952

MICHEL, PIERRE (éd.): Montaigne et les Essais 1580–1980. Actes du Congrès de Bordeaux (Juni 1980). Paris – Genève 1983

PATTERSON HEIN, REBECCA: Montaigne in America. Diss. of Michigan 1966

VILLEY, PIERRE: Notes relatives à l'influencé et à la fortune des *Essais* en France et en Angleterre. Bd. 3 von P. V.: Essais … Nouvelle édition conforme au texte de l'Exemplaire de Bordeaux. Paris 1931
Montaigne devant la postérité. Paris 1935
L'influence de Montaigne sur les idées pédagogiques de Locke et de Rousseau. Paris 1911
Montaigne et Shakespeare. London 1916

Namenregister

Über den Autor

Uwe Schultz, 1936 in Hamburg geboren, studierte Philosophie, Literaturwissenschaft und Geschichte in Hamburg, Freiburg im Breisgau, Wien und München. 1963 Promotion über «Das Problem des Schematismus bei Kant und Heidegger» in München. Seit 1964 als Redakteur, von 1976 bis 1994 Leiter der Hauptabteilung Kulturelles Wort beim Hessischen Rundfunk. Seit 1995 freier Autor in Paris.

Publikationen: Monographie Immanuel Kant (1965, überarb. Neuausg. 2003), Das Tagebuch und der moderne Autor, Hg. (1965), Übersetzung Erasmus von Rotterdam, «Das Lob der Torheit» (1966), Fünfzehn Autoren suchen sich selbst, Hg. (1967), Umwelt aus Beton – Unsere unwirtlichen Städte, Hg. (1971), Monographie Peter Handke (1973), Toleranz – Die Krise der demokratischen Tugend, Hg. (1974), Mit dem Zehnten fing es an – eine Kulturgeschichte der Steuer, Hg. (1986), Das Fest – eine Kulturgeschichte von der Antike bis zur Gegenwart, Hg. (1988), Große Prozesse – Recht und Gerechtigkeit in der Geschichte, Hg. (1996), Descartes – Biographie (2001), Versailles – Die Sonne Frankreichs (2002), Madame de Pompadour oder die Liebe an der Macht (2004).

Quellennachweis der Abbildungen

Sammlung Château de Michel de Montaigne. 6, 10, 11, 21
Éditions du Seuil, Paris: 12/13, 17, 52
Archiv für Kunst und Geschichte, Berlin: 29, 30, 36, 39, 46, 48, 55, 57, 72, 74, 75, 76, 82, 83, 86, 126/127, 131; Sammlung Historia-Photo: 8, 9, 26, 49, 65, 70, 78/79, 88, 93, 114
Aus: Ilja Mieck, Die Entstehung des modernen Frankreich 1450 bis 1610, Stuttgart 1982: 34
Archiv Preußischer Kulturbesitz, Berlin: 41, 42/43, 47, 63, 68, 75, 77, 81, 89, 91, 94, 95, 96, 101, 107, 111, 112 o., 115, 116, 118, 122
Museo Diocesano, Trento: 79
Aus: James Clengh, Die Medici, München 1977: 85
Photo Dr. Uwe Schultz: 103
Photo Giraudon: 112 u.

S 23/2

Foto: Gisèle Freund

rowohlts monographien

Große Denker

Aristoteles
J.-M. Zemb
3-499-50063-9

Platon
Uwe Neumann
3-499-50533-9

Seneca
Marion Giebel
3-499-50575-4

Sokrates
Gottfried Martin
3-499-50128-7

Karl Marx
Werner Blumenberg
3-499-50076-0

C. G. Jung
Gerhard Wehr
3-499-50152-X

Sigmund Freud
Hans-Martin Lohmann
3-499-50601-7

Martin Heidegger
Manfred Geier
3-499-50665-3

Karl Popper
Manfred Geier
3-499-50468-5

Jean-Paul Sartre
Christa Hackenesch
3-499-50629-7

Friedrich Nietzsche
Ivo Frenzel

Friedrich Nietzsche
Ivo Frenzel

3-499-50634-3

Weitere Informationen in der Rowohlt Revue oder unter www.rororo.de

S 61/1

Foto: akg-images

rowohlts monographien

Forscher und Entdecker